Jerome Gorin

Machine Virtuelle Universelle pour Codage Video Reconfigurable

Jerome Gorin

Machine Virtuelle Universelle pour Codage Video Reconfigurable

Codage Vidéo Reconfigurable et Universelle

Presses Académiques Francophones

Impressum / Mentions légales

Bibliografische Information der Deutschen Nationalbibliothek: Die Deutsche Nationalbibliothek verzeichnet diese Publikation in der Deutschen Nationalbibliografie; detaillierte bibliografische Daten sind im Internet über http://dnb.d-nb.de abrufbar.
Alle in diesem Buch genannten Marken und Produktnamen unterliegen warenzeichen-, marken- oder patentrechtlichem Schutz bzw. sind Warenzeichen oder eingetragene Warenzeichen der jeweiligen Inhaber. Die Wiedergabe von Marken, Produktnamen, Gebrauchsnamen, Handelsnamen, Warenbezeichnungen u.s.w. in diesem Werk berechtigt auch ohne besondere Kennzeichnung nicht zu der Annahme, dass solche Namen im Sinne der Warenzeichen- und Markenschutzgesetzgebung als frei zu betrachten wären und daher von jedermann benutzt werden dürften.

Information bibliographique publiée par la Deutsche Nationalbibliothek: La Deutsche Nationalbibliothek inscrit cette publication à la Deutsche Nationalbibliografie; des données bibliographiques détaillées sont disponibles sur internet à l'adresse http://dnb.d-nb.de.
Toutes marques et noms de produits mentionnés dans ce livre demeurent sous la protection des marques, des marques déposées et des brevets, et sont des marques ou des marques déposées de leurs détenteurs respectifs. L'utilisation des marques, noms de produits, noms communs, noms commerciaux, descriptions de produits, etc, même sans qu'ils soient mentionnés de façon particulière dans ce livre ne signifie en aucune façon que ces noms peuvent être utilisés sans restriction à l'égard de la législation pour la protection des marques et des marques déposées et pourraient donc être utilisés par quiconque.

Coverbild / Photo de couverture: www.ingimage.com

Verlag / Editeur:
Presses Académiques Francophones
ist ein Imprint der / est une marque déposée de
AV Akademikerverlag GmbH & Co. KG
Heinrich-Böcking-Str. 6-8, 66121 Saarbrücken, Deutschland / Allemagne
Email: info@presses-academiques.com

Herstellung: siehe letzte Seite /
Impression: voir la dernière page
ISBN: 978-3-8381-7286-6

Copyright / Droit d'auteur © 2012 AV Akademikerverlag GmbH & Co. KG
Alle Rechte vorbehalten. / Tous droits réservés. Saarbrücken 2012

Ecole Doctorale EDITE

Thèse présentée pour l'obtention du diplôme de
Docteur de Télécom & Management SudParis

Doctorat conjoint Télécom & Management SudParis et Université Pierre et Marie Curie

Spécialité : Informatique

Machine Virtuelle Universelle
pour
Codage Vidéo Reconfigurable

Par
Jérôme GORIN

Soutenue le 22 Novembre 2011 devant le jury composé de :

Rapporteurs
Marco Mattavelli   Professeur à l'EPFL, Lausanne
Françoise Bodin   Professeur à l'IRISA, Université de Rennes 1

Examinateurs
Olivier Guye   Directeur de la recherche à VITEC Multimédia
Tulin Atmaca   Professeur à Telecom & Management SudParis, Evry
Jean-Claude Dufourd   Professeur à Telecom ParisTech, Paris
Patrick Gallinari   Professeur au Laboratoire d'Informatique de Paris 6
Mickaël Raulet   Co-encradrant, Ingénieur de recherche à l'INSA de Rennes
Françoise Prêteux   Directeur de thèse, Directeur adjoint de l'Institut CARNOT M.I.N.E.S

Thèse n° 2011TELE0025

Table des matières

Remerciements

Je tiens dans un premier temps à remercier mes deux encadrants, Françoise Prêteux et Mickaël Raulet, sans qui cette thèse n'aurait jamais pu être possible. Françoise Prêteux pour sa précieuse aide durant la rédaction de ce manuscrit et pour son extrême disponibilité lorsque j'en avais besoin. Mickaël Raulet pour m'avoir si bien suivi durant ces trois années et pour ses compétences techniques.

Je tiens également à remercier toutes les personnes qui ont participé de près ou de loin à la concrétisation de cette thèse. En premier lieu, Matthieu Wippliez qui, grâce à son travail acharné, a posé les bases de cet écrit. Maxime Pelcat, Jonathan Piat et Fabien Racapé, pour avoir non seulement partagé ces trois années ensemble mais aussi pour leur amitié sincère. Je voudrais remercier plus généralement toutes les personnes qui contribuent au quotidien du laboratoire IETR : Jean-François Nezan, Olivier Desforges, Khaled Jerbi, Nicolas Siret, Hervé Yviquiel. Merci à Evelyne Taroni et Denis Simon pour leur efficacité et leur gentillesse.

Mes remerciements vont finalement à toutes les personnes qui m'ont accompagné en dehors du laboratoire durant la rédaction, Hélène pour soutien quotidien et son havre breton, Lucile pour ces chevauchées espagnoles qui ont rythmés l'écriture de cette thèse, Christophe pour sa pertinence philosophique et freudienne, Mélissa pour ses talents de correctrice et Emilie pour ses vérifications de dernières minutes.

Enfin, mes dernière pensées iront à toute ma famille qui est et restera un véritable modèle pour moi.

Introduction

Contexte

L'**interopérabilité** est une notion cruciale pour le développement de technologies dans l'informatique moderne. Elle rend son accès transparent et universel pour tous les utilisateurs, et ce sans prise en compte des moyens utilisés pour accéder à la technologie. L'informatique moderne se définit comme une panoplie de logiciels couvrant des applications extrêmement variées, qui communiquent localement et à distance avec un ensemble hétérogène de matériels informatiques. L'interopérabilité ne concerne ainsi que le comportement externe de chaque système et non ses mécanismes internes. Dans ce contexte, un logiciel est interopérable si ses interfaces de communications sont intégralement connues et normalisées, de manière à ce qu'il puisse fonctionner sur l'ensemble des systèmes existants ou futurs, et ce sans restriction d'accès ou de mise en œuvre.

L'utilisation de Machines Virtuelles est le moyen le plus répandu pour rendre **un logiciel interopérable avec les systèmes informatiques**. Une Machine Virtuelle définit une interface de communication unique et abstraite ("virtuelle") entre un logiciel et le système informatique, de telle sorte que ce même logiciel puisse être déployé de manière transparente sur n'importe quel système disposant d'une Machine Virtuelle. Le logiciel est dit *portable* : il n'est plus composé d'une suite d'instructions dédiées à une machine précise, mais d'un **langage universel** (le *bytecode*) compris par un interpréteur intégré à la machine (la **Machine Virtuelle**). Le rôle d'une Machine Virtuelle est donc de traduire un programme décrit par un langage universel en un langage dédié à une machine spécifique.

La **définition d'un langage universel** nécessite d'identifier les propriétés communes à tous les systèmes informatiques. Jusqu'à peu, un système informatique conventionnel pouvait être défini comme un matériel doté d'un processeur et d'un système d'exploitation réalisant l'interface entre les propriétés d'un matériel d'exécution et d'un logiciel. Le comportement d'un programme est défini par ses concepteurs grâce à des langages impératifs de programmation qui décrivent les opérations à réaliser en termes de séquences d'instructions capables de modifier l'état du programme.

Lors de l'exécution de ce programme, la suite d'instructions impératives d'un programme communique couche après couche dans le système jusqu'au processeur.

Tandis que la complexité et la forme générale des processeurs ont fortement évolué au cours des années, la structure de base des processeurs n'a que peu changé. Un processeur charge un ensemble d'instructions d'une application et les exécute séquentiellement ; les données requises ou générées par le calcul de ces instructions sont stockées depuis et vers une mémoire de stockage. Les performances en exécution d'une application sont liées à la fréquence d'horloge du processeur et au nombre d'instructions traitées à chaque coup d'horloge, de tel sorte qu'**une augmentation continuelle de la fréquence d'horloge implique de meilleures performances d'exécution** sur les applications sans qu'aucune modification ne soit nécessaire sur le programme. Puisque les principes d'une programmation impérative sont à la fois familiers et directement intégrés dans l'architecture des microprocesseurs, un langage universel peut suivre la logique d'une programmation impérative et la seule abstraction d'un programme se situe sur le jeu d'instruction utilisé.

Cependant, les contraintes de dissipation thermique sur les processeurs usuels plafonnent aujourd'hui leurs fréquences d'utilisation autour de 4 GHz. La **parallélisation des instructions est devenue la nouvelle voie de développement** pour accélérer le traitement des applications. En conséquence, on observe aujourd'hui un nombre croissant de processeurs dans les machines (architectures multi-cœurs). Le modèle impératif de programmation d'applications, parfaitement adapté à la description séquentielle d'instructions, devient alors inadapté pour exprimer le parallélisme entre les instructions d'une application. Pour ces nouvelles architectures, la définition d'un langage universel nécessite ainsi un **nouveau paradigme de programmation capable de prendre en compte l'accroissement du nombre de ressources de calculs disponibles sur les machines.**

Un nouveau mode de description des normes

L'interopérabilité est également cruciale dans la description des normes et particulièrement celles du monde informatique. En effet, comment organiser une norme pour que l'interopérabilité visée soit à la fois le plus facilement accessible et le plus viable possible ? Le groupe de travail MPEG répond à ce problème par la définition d'une nouvelle norme de description d'application, la norme de **Codage Vidéo Reconfigurable** (MPEG *Reconfigurable Video Coding* ou RVC), faisant **abstraction de l'architecture des machines.** Cette nouvelle norme est utilisée dans le cadre MPEG pour la description d'applications fondées sur ses normes de codage vidéo.

La description des normes MPEG était auparavant uniquement textuelle, ce qui soumettait souvent l'application de ses normes sur des plates-formes réelles à l'interprétation du concepteur. Pour réduire les défauts d'interprétation mettant en défaut l'interopérabilité, le consortium MPEG a décidé de joindre aux normes une description explicite de son application sous la forme d'un code de référence en C. Le langage C étant un modèle impératif de programmation, ces logiciels de référence se révèlent peu adaptés à des machines composées de nombreuses ressources de calculs, comme les circuits logiques programmables et les architectures multi-cœurs. La norme MPEG RVC établit un **nouveau modèle de description de logiciels de référence** à la fois adapté aux applications de traitement du signal et proche de sa description textuelle. Ce modèle de description apporte ainsi une approche visuelle de **programmation par graphe de "flux de données"** où chaque opération représente un sommet de graphe et où les arcs représentent le flux de données entre les opérations. La représentation du parallélisme sur les opérations devient alors explicite et permet une abstraction de l'architecture d'exécution des plates-formes ciblées.

De nombreux outils ont été par la suite développés pour transformer les logiciels de référence abstraits fournis par MPEG RVC en des applications concrètes capables de s'exécuter sur plates-formes réelles. Cependant, **il n'existe aucune application de cette modélisation abstraite dans le cadre d'une Machine Virtuelle.**

Contributions

L'objectif des recherches effectuées au cours de cette thèse est de déterminer dans quelle mesure l'utilisation de graphes de flux de données conforme à la norme MPEG RVC peut répondre à la problématique actuelle de langage universel pour Machine Virtuelle. Dans ce but, nous développons un **nouveau langage universel** pour Machines Virtuelles, fondé sur les graphes de flux de données et capable d'abstraire à la fois les jeux d'instructions des machines et leurs architectures. Ce nouveau langage nécessite la conception d'une nouvelle Machine Virtuelle, dite **Machine Virtuelle Universelle** (MVU), capable de traduire et d'exécuter ce nouveau langage universel sur un ensemble hétérogène de plates-formes.

Le contexte MPEG permet de définir une application directe de ce nouveau type de MVU. En effet, la norme MPEG RVC fournit un ensemble de logiciels de référence pour les décodeurs vidéo, fondé sur le principe de description universelle par graphe flux de données. La MVU peut utiliser les applications MPEG RVC, préalablement traduites en "langage universel", pour pouvoir exécuter en l'état une même description sur un large panel de machines. Par l'encapsulation de l'application de décodeur à l'intérieur d'un flux codé, une MVU devient alors un **Décodeur Universel** (DU). Un DU a l'avantage de supprimer les incompatibilités qui peuvent exister entre un flux codé et un décodeur intégré à une machine. Concrètement, un décodeur dynamique signifie également la fin du développement et de l'installation de décodeurs spécifiques aux machines, avec une simplicité et une transparence accrues pour les utilisateurs de contenus. Elle permet finalement de diminuer l'obsolescence des machines dédiées au décodage numérique (Smartphone, décodeur TNT, etc.)

Organisation de la thèse

Le développement d'une MVU nécessite de comprendre les **concepts clefs des Machines Virtuelles "classiques"**. Nous présentons au chapitre 1 le principe des Machines Virtuelles existantes, à savoir *un modèle de représentation, de compilation et d'exécution*. Cette présentation permet d'identifier leurs faiblesses et d'argumenter sur l'intérêt qu'apporte l'utilisation d'**un modèle de représentation par graphes de flux** de données. Un graphe de flux de données nécessite également une **nouvelle sémantique de programmation** pour décrire ses opérations. Nous présentons ainsi une nouvelle syntaxe de description de programme flux de données appelée **CAL Actor Language** (CAL). Nous établissons une liste des **outils capables de comprendre et d'interpréter le langage CAL**, ce qui nous permet de conclure sur ce chapitre qu'**aucune Machine Virtuelle n'a réellement été développée pour tirer parti de tous ses avantages**.

Le chapitre 2 définit le **cadre applicatif et normatif de la MVU**. Nous présentons les enjeux du groupe de normalisation MPEG RVC ainsi que ses différents composants. Nous décrivons également les applications actuellement disponibles dans MPEG RVC et nous introduisons ainsi notre première contribution : la modélisation par graphe flux de données d'un **décodeur conforme à la norme MPEG-4 partie 10**, mieux connu sous le nom d'*Advanced Video Coding* (AVC) ou *H.264*. Nous terminons enfin ce chapitre par une présentation du **fonctionnement du décodeur universel** proposé.

Nous avons fait le choix de partir d'une Machine Virtuelle existante pour son augmentation à la prise en charge de graphe de flux de données. Ce choix est motivé par le constat qu'une Machine Virtuelle existante dispose d'une large portabilité sur les machines ; une portabilité équivalente sur la MVU serait impossible à atteindre par le développement complet d'une nouvelle Machine Virtuelle spécifique à la MVU.

Le chapitre 3 présente les contributions théoriques de cette thèse pour l'**adaptation des Machines Virtuelles existantes vers un support du modèle de programmation par graphe de flux de données**. La première phase d'adaptation consiste à définir un langage universel, que nous nommons **Représentation Canonique et Minimale** (RCM). La RCM se fonde à la fois sur l'architecture abstraite des graphes flux de données et à la fois sur le jeu d'instructions abstrait des Machines Virtuelles. Nous proposons ensuite un ensemble de **transformation de la RCM** pour rendre sa représentation conforme au modèle de programmation des MV. La description explicite du parallélisme dans un graphe flux de données nécessite son adaptation selon le nombre de ressources disponibles sur une machine donnée. Dans ce but, nous définissons un modèle d'adaptation pour l'**ordonnancement des opérations de la RCM** d'une application sur un nombre de processeur donné. Ces trois éléments définissent les quatre concepts clefs de la MVU, à savoir *une représentation, une adaptation, une compilation et une exécution.* Les deux dernières sections de ce chapitre présentent deux optimisations dédiées à la RCM. La première optimisation est un **nouveau modèle d'ordonnancement hiérarchique** pour améliorer les performances de la MVU sur des machines dotées d'un nombre réduit de ressources de calculs. La deuxième optimisation ajoute la **capacité de recompilation partielle** à la MVU, afin de réduire les temps de compilation de la MVU lors du changement d'applications.

Dans le chapitre 4, nous appliquons nos contributions théoriques pour le **développement de la MVU sur une Machine Virtuelle existante**. Il existe de nombreuses Machines Virtuelles développées pour des langages et des besoins différents. La première étape de développement de la MVU consiste donc à **sélectionner une Machine Virtuelle** dont les caractéristiques sont proches des besoins de la MVU. La deuxième phase de développement concerne la **génération d'une RCM** adaptée au modèle de programmation de la Machine Virtuelle sélectionnée. Nous développons ensuite le **schéma architectural mis en œuvre pour le développement de la MVU**. Nous intégrons finalement la **MVU dans l'environnement multimédia GPAC** afin de définir un nouveau décodeur universel, capable de recevoir un flux multimédia codé et de créer dynamiquement l'application appropriée pour décoder ce flux. Nous terminons ce chapitre par une **analyse des performances** sur l'ensemble des outils développés dans cette thèse. Le résultat de cette analyse montre que les applications de la MVU sont **portables**, **performantes** et **adaptées au traitement parallèle**.

Le chapitre 5 conclut ces travaux en rappelant **les principaux résultats**. Enfin, pour faire suite à ces travaux, nous proposons **des perspectives de recherche** qui nous semblent importantes.

Chapitre 1

Machine Virtuelle : vers la parallélisation

Les ordinateurs modernes peuvent être considérés comme l'une des structures de machine les plus complexes élaborées par l'homme. Ce niveau de complexité n'aurait pu être atteint sans la division des tâches réalisées par ce système en un ensemble de niveaux d'abstraction avec des interfaces bien définies. Un niveau d'abstraction permet de séparer un système en couches de mise en œuvre (*implementation layer*), masquant les détails bas-niveau d'un niveau d'abstraction et simplifiant ainsi la conception de composants sur les couches de mise en œuvre supérieures.

Une Machine Virtuelle (MV) peut être considérée comme le logiciel définissant la couche de mise en œuvre supérieure entre un ordinateur et les logiciels applicatifs. Son but est de fournir une interface connue, unique et *virtuelle* sur tous les systèmes informatiques afin que le fonctionnement d'un logiciel ne soit pas dépendant de son environnement d'exécution. Les caractéristiques de cette interface virtuelle sont primordiales pour obtenir un fonctionnement optimal entre un logiciel et l'ensemble hétérogène d'environnement d'exécution disponible sur les ordinateurs. Ainsi, il devient évident qu'une présentation sur l'architecture des MV nécessite également une présentation sur l'architecture des ordinateurs au sens large du terme.

Les interfaces des MV actuelles ont cependant peu évolué depuis leurs créations [Gol74]. La parallélisation du traitement des applications imposée par les architectures d'exécutions des machines actuelles apporte une nouvelle problématique aux MV. Nous présentons dans ce chapitre une solution pour faire évoluer les MV vers une nouvelle interface, fondée sur la description par graphe flux de données et donc adaptée au traitement parallèle d'applications.

15

1.1   Machine Virtuelle : principes

Les MV actuelles sont le résultat de nombreux travaux investigués par les développeurs de systèmes d'exploitation, de langages de programmation, de compilateurs et de matériels informatiques. Bien que chaque MV possède des caractéristiques différentes selon la solution qu'elle apporte à un problème, le concept et la technologie employée sont identiques d'une MV à une autre.

Il existe ainsi deux grandes familles de MV : les MV de *systèmes* et les MV de *processus* [Cra06]. Les premières fournissent une plate-forme complète d'exécution capable de supporter le fonctionnement des systèmes d'exploitation (SE). Les secondes sont, elles, spécifiquement conçues pour fonctionner sur un SE et exécuter une unique application. Bien que les travaux effectués pour cette thèse puissent être bénéfiques à ces deux familles de MV, nous limitons notre étude au point de vue applicatif des MV, et donc aux MV de processus. Nous présentons ainsi dans cette section les caractéristiques communes à toutes les MV de processus afin d'identifier les propriétés de leurs interfaces qui limitent les possibilités de traitements parallèles des applications.

1.1.1   Architecture d'une machine virtuelle

Pour comprendre ce qu'est une MV, il est nécessaire de décrire une *Machine* au sens informatique. Une *Machine* se réfère à un système, logiciel et matériel, qui exécute un processus. Une Machine se compose d'une architecture avec des interfaces et des fonctionnalités qui lui sont propres.

Le processus décrit le comportement d'une partie ou de la totalité d'une application sous la forme d'un code, composé de registres et d'instructions. Le but d'une MV est d'isoler au maximum le code d'un processus de son contexte d'exécution pour le généraliser à un grand nombre d'architecture. Nous illustrons une machine d'exécution composée d'une architecture matérielle et d'un Système d'Exploitation (figure 1.1).

Une machine s'organise en couches de mise en œuvre (*implementation layer*), le Système d'Exploitation (SE) étant une couche logicielle primordiale d'une machine informatique. Une couche de mise en œuvre permet de définir un *niveau d'abstraction* commun à plusieurs architectures matérielles, en masquant les détails d'une mise en œuvre spécifique. L'architecture externe du processeur (*Instruction Set Architecture* ou ISA), initiée dans [ABB64], désigne la limite entre les couches matérielles et les couches logicielles d'une machine. L'ISA comprend notamment un jeu d'instructions, un ensemble de registres, une organisation de mémoire, des entrées/sorties, des modalités de support de processeurs multiples, etc.

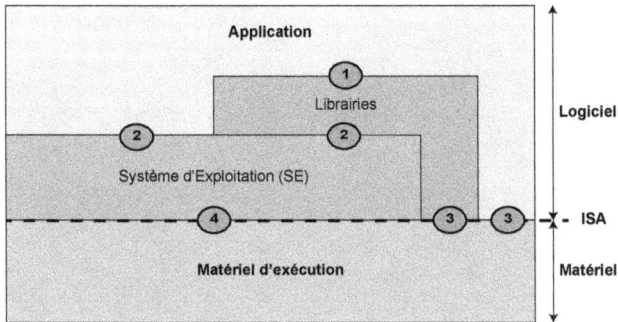

FIGURE 1.1 – Architecture logiciel d'un système informatique muni d'un système d'exploitation.

Un processus, exécutant une application, dispose de trois niveaux d'interfaces (figure 1.1) pour communiquer avec les différentes couches d'une machine. Le premier niveau de communication se réalise avec les librairies standards (*interface 1*), puis le SE (*interface 2*), et enfin l'ISA (*interface 3*). L'ISA d'une architecture matérielle se découpe en deux parties : l'ISA utilisateur (*interface 3*), visible depuis l'application, et l'ISA superviseur (*interface 4*), qui se réalise par l'intermédiaire du SE et qui est responsable de la gestion des ressources matérielles de la machine [DS90]. Du point de vue de l'application, il existe donc un grand nombre d'architectures (CISC, RISC, VLIW, vectorielle..), elles-mêmes composées d'ISA spécifiques (x86, ARM, PowerPC..), de SE spécifiques (Windows, Unix, Mac OS..) et de ressources matérielles différentes.

Une MV permet de définir une interface unique et abstraite, l'*Application Binary Interface* (ABI), entre une application et la machine d'exécution, *i.e.* les interfaces 2 et 3 de la figure 1.1. L'ABI, schématisée en figure 1.2, reçoit un code d'une architecture spécifique pour en réaliser l'émulation, ou un code abstrait – le *bytecode* – conçu comme un dénominateur commun à plusieurs ISA et à plusieurs SE. Le code reçu par l'ABI est traduit en ISA utilisateur et en instructions SE spécifiques par un *logiciel de virtualisation*. L'ensemble logiciel de virtualisation, SE et matériel d'exécution forment ainsi, du point de vue de l'application, la *Machine Virtuelle*.

Dans la suite de cette thèse, nous définissons la plate-forme sous-jacente au logiciel de virtualisation en tant qu'*hôte* (host), comprenant le SE et le matériel d'exécution. L'application à exécuter, composée d'un ou plusieurs processus, est l'*invité* (guest). Le *moteur d'exécution* se réfère au logiciel de virtualisation d'une MV et le *runtime* se réfère au temps durant lequel une application est exécutée par la MV. Le code exécuté par la machine hôte est le *code natif*.

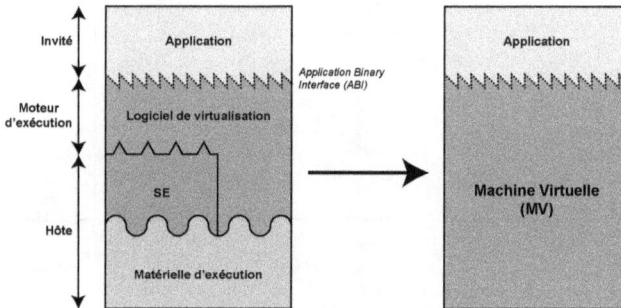

FIGURE 1.2 – Architecture d'une MV.

1.1.2   Modèles de compilation et d'exécution

L'objectif principal d'une MV est de permettre une exécution multi plate-forme d'une description unique d'application. Une première approche pour cette exécution est l'*émulation* d'une application. L'émulation permet de simuler l'exécution d'une application compilée pour des plates-formes populaires (*e.g.* x86) sur des plates-formes moins populaires (*e.g.* Alpha) [HH97]. La principale faiblesse d'une émulation provient de sa portabilité traitée au cas par cas selon la compilation source et la plate-forme hôte (x86 vers Alpha, x86 vers PPC). Par ailleurs, il est généralement impossible de porter par émulation une application d'un SE spécifique à un autre.

Une véritable portabilité d'exécution est possible si l'environnement de conception et de description d'une application est indépendant de toute plate-forme. Les MV de Langage Haut-niveau (*high-level language* ou HLL), telles que le Common Language Runtime (CLR) [GG02] et la Java Virtual Machine [LY99], fournissent des environnements de programmation complets ainsi qu'un ensemble de librairies permettant d'isoler les spécificités d'une architecture et d'un SE. La figure 1.3 illustre la relation entre un système de compilation conventionnel et l'utilisation d'une MV HLL.

Dans un système conventionnel (figure 1.3(a)) – sans MV – le *front end* d'un compilateur réalise l'analyse de la syntaxe et de la sémantique d'un code pour générer une Représentation Intermédiaire (RI) de ce programme. Un générateur de code (le *back end*) utilise cette RI, l'optimise et génère un *code natif* en binaire pour une ISA et un SE spécifiques. Ce code binaire est ensuite distribué et exécuté sur les plates-formes ayant une combinaison ISA et SE similaires. Un chargeur, généralement le SE, charge ce code en mémoire et lance l'exécution sur le matériel hôte.

Dans un environnement de MV HLL (figure 1.3(b)), le "front-end" du compilateur génère une ISA Virtuelle (*Virtual ISA* ou V-ISA) de l'application sous forme de

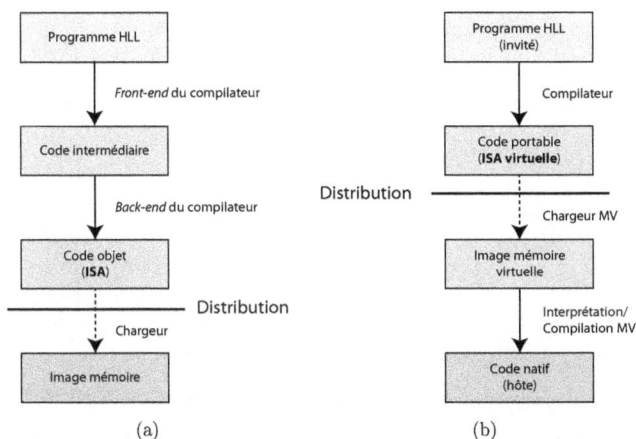

FIGURE 1.3 – Environnement de compilation de Langage Haut-Niveau (*HLL*). (a) Système conventionnel où le code objet dépendant d'une plate-forme est distribué. (b) Environnement de MV où le code portable est distribué et *exécuté* par une MV sur l'hôte.

bytecode. Le V-ISA est construit dans un but de réduction de dépendance vis-à-vis des matériels et facilite son exécution sur plusieurs architectures. Le programme est ensuite distribué en bytecode sur les machines hôtes. Un chargeur de MV stocke ce programme en mémoire, l'optimise puis traduit son fonctionnement pour une exécution sur ISA spécifique.

Le moteur d'exécution se compose donc d'un chargeur et d'un traducteur d'une V-ISA vers une ISA concrète. Dans sa forme la plus simple, le traducteur d'un moteur d'exécution utilise un *interpréteur* (figure 1.4(a)), qui exécute un bytecode instruction par instruction, et qui émule son fonctionnement. Les fonctions d'E/S sont effectuées par un ensemble d'appels à une librairie standard, définie comme une partie intégrante de la MV. Dans une forme plus complexe, un moteur d'exécution utilise une *traduction binaire* [SCK+93] (figure 1.4(b)), *i.e.* une compilation d'une V-ISA vers un code natif. C'est ce code natif qui est directement exécuté par la machine hôte.

L'interprétation et la traduction binaire ont des caractéristiques de performances différentes. Une exécution par interprétation démarre instantanément, mais dispose d'une exécution relativement lente ; chaque instruction de l'invité requiert de manière générale l'exécution d'une dizaine d'instructions natives, appelées *routines d'exécution*. La traduction binaire requiert un certain temps de compilation avant l'exécution, mais le code natif, une fois mis en cache, a un impact faible sur l'exécution.

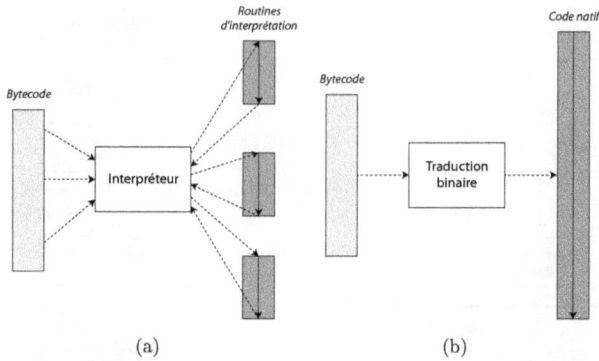

FIGURE 1.4 – Méthodes de traduction par le moteur d'exécution. (a) Exécution par routine d'interprétation. (b) Exécution du bytecode traduit en binaire.

La compilation dite *à la volée* (Just-In-Time compilation ou JIT) [Ayc03] est une approche hybride entre l'interprétation et la traduction binaire : elle établit une traduction binaire d'un bytecode de manière dynamique, *i.e.* au moment de l'exécution (runtime). Le moteur d'exécution commence donc par la compilation d'une portion d'un bytecode, puis compile au fur et à mesure des appels sur d'autres portions de ce bytecode.

1.1.3 Modèles de programmation

Le langage Pascal [Bow80] définit en 1980 un premier environnement de MV qui popularisa à la fois le langage et l'utilisation d'une MV. Il définit un premier V-ISA du Pascal connu sous le nom de P-code [NAJ+81]. La création d'un interpréteur de P-code simplifia le portage des applications écrites en Pascal, car elles ne nécessitaient plus le développement d'un compilateur complet générant du code natif pour une machine spécifique.

Au fil des années, d'autres langages de MV ont été développés visant des familles ou des applications dédiées. Nous citerons notamment *Prolog* [RdMIGda75], *Scheme* [SSL78], *Poplog* [Har82] ou *Small talk* [Cou00]. Le livre [Cra06] en établit un historique complet. De nos jours, le plus couramment utilisé pour la programmation de MV est le Java [Gos00]. Le *Common Language Infrastructure* (CLI) [MR04], partie intégrante de l'environnement Microsoft .NET [WSWO03], est également populaire en raison de l'importance des produits Microsoft dans l'informatique moderne.

Par la simplicité de son fonctionnement et sa grande similarité avec les V-ISA modernes, une présentation du P-Code Pascal permet d'introduire les concepts clefs d'un bytecode de MV.

Structure et fonctionnement du P-Code

Pascal est un langage de programmation impérative et procédurale. Il se ca-
ractérise par une syntaxe claire et rigoureuse, favorisant la programmation structurée [DDD70] et l'utilisation de structure de données [MS05]. La programmation
impérative est un paradigme clef des langages de programmation où une application
est décrite sous la forme d'une séquence d'instructions capable de modifier l'état du
programme. La programmation procédurale augmente ce paradigme par l'ajout du
principe d'appel de procédure. Un compilateur Pascal traduit ce fonctionnement en
un P-Code destiné à une interprétation sur MV.

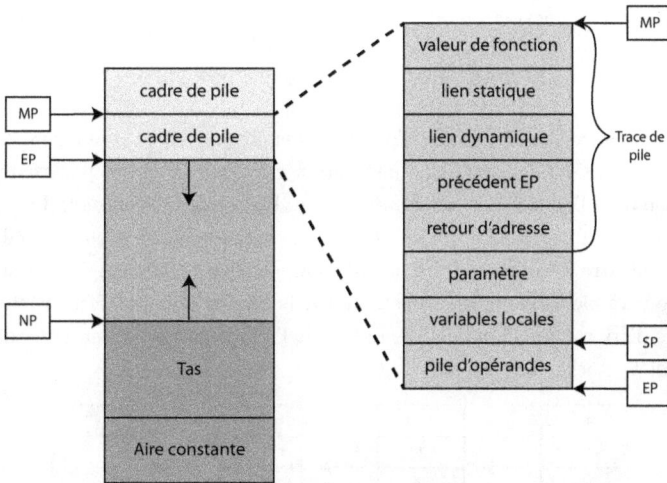

FIGURE 1.5 – Pile d'exécution d'un P-Code.

Une MV de P-Code utilise un modèle abstrait de processeur fondé sur une pile
d'exécution [KJ89]. Ce principe permet à un développeur de MV de simuler son
fonctionnement plutôt que de développer un compilateur complet pour générer du
code natif. La figure 1.5 schématise l'environnement d'interprétation d'une MV de
P-Code.

Un processeur fondé sur une pile d'exécution se compose principalement d'une
pile d'exécution (*stack*) construite autour d'une mémoire constante et d'un tas
(*heap*). L'aire constante stocke les valeurs constantes d'un programme. Le tas est un
segment mémoire utilisé pour l'allocation dynamique de variable. La pile d'exécution
se compose d'un ensemble de cadres de pile (*stack frame*), chacun correspondant à

une procédure Pascal. Un cadre de pile dispose d'un ensemble d'informations procédurales (*e.g.* trace de pile, paramètres et variables locales) et d'opérandes définissant les instructions. Un pointeur marque l'emplacement de départ du cadre de pile (MP) sur la procédure courante et un autre pointeur marque la fin du cadre de pile (EP). Le pointeur NP indique la taille maximale du tas.

Lorsqu'une procédure est appelée, un nouveau cadre est ajouté à la pile, les variables locales sont allouées sur le tas et un pointeur d'exécution (SP) évolue le long des instructions. Lorsque le marqueur SP atteint EP, la procédure se termine, une valeur de retour est transmise au cadre de pile supérieur.

```
lodi 0 3 // charge une variable locale (0) depuis l'emplacement 3
ldci 1 // pousse la valeur constante 1
addi   // addition
stri 0 3 // stocke le resultat à l'emplacement 3
```

FIGURE 1.6 – Opérandes d'une procédure.

Chaque instruction d'une pile d'opérandes empile et dépile (*push/pop*) des données sur une pile de données. Une instruction est typée, il existe par exemple une instruction pour l'addition d'entier (*adi*) et pour l'addition de réel (*adr*). La figure 1.6 est un exemple d'instruction qui ajoute 1 à une variable locale d'une procédure. La figure 1.7 illustre l'évolution de la pile de données. *lodi* et *ldci* empilent respectivement une variable locale et une constante sur la pile de données. L'instruction *addi* dépile ces deux valeurs et empile le résultat de l'addition. Finalement, *stri* dépile ce résultat et le stocke en mémoire.

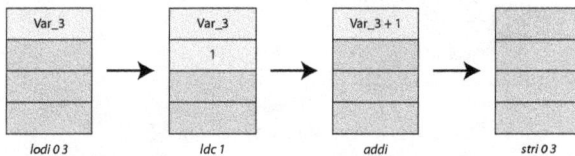

FIGURE 1.7 – Evolution de la pile de données.

Extension des bytecodes à la programmation objet

La structure d'exécution du P-code est aujourd'hui encore au cœur du standard des MV HLL. La JVM et le CLI, par exemple, utilisent également une ISA fondée sur le fonctionnement d'une pile d'exécution et une structure de mémoire similaire. L'évolution majeure des MV est due au support du paradigme objet [Cox85]. Alors que le P-Code axe sa V-ISA sur un jeu d'instruction indépendant des plates-formes, il utilise une structure implicite sur les types de données, *i.e. entier, réel, booléen* et *caractère.*

Dans un paradigme objet, les données sont généralement des objets composés d'attributs et de méthodes. L'aspect des données devient donc aussi important que les instructions. Ainsi, les V-ISA de MV HLL utilisent des métadonnées (*metadata*) pour la description de ces objets, des attributs et de leurs relations. Parce que ces métadonnées sont généralement dominantes dans la description d'application, les V-ISA modernes sont souvent nommées Data Set Architecture (DSA). Nous illustrons le fonctionnement d'une MV HLL pour DSA figure 1.8.

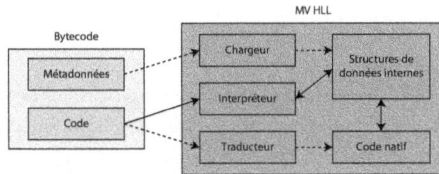

FIGURE 1.8 – Fonctionnement d'une MV supportant le paradigme objet.

Une MV HLL pour DSA consiste en un moteur d'exécution qui peut soit interpréter le bytecode soit le traduire en code natif. Sur la figure 1.8, les pointillés indiquent une transformation du code et des données ; les lignes pleines indiquent les mouvements du code et des données durant l'interprétation. Le chargeur traduit les métadonnées en structures de données dépendantes de la machine d'exécution.

Les machines virtuelles à registres

Une architecture de processeur fondée pile d'exécution est un moyen simple pour modéliser l'exécution d'instructions de procédures et la gestion des appels entre procédures. Elle est généralement nommée architecture *zero-address*, car les expressions d'un opérande sont évaluées directement sur la pile, *i.e.* sans adressage. Les principales concurrentes aux architectures zero-address pour MV HLL sont les machines à registres illimités (*Register-Transfer Machine* ou RTM). Les MV les plus populaires fondées sur l'architecture RTM sont la *Low-Level Virtual Machine* (LLVM) [LA05] et Parrot [RST04].

Un registre désigne un emplacement mémoire interne à une machine, généralement associé à la mémoire embarquée d'un processeur. Dans une RTM, une machine est représentée par un ensemble, théoriquement illimité, de registres et un programme est représenté par une suite finie d'instructions qui vont agir sur ces registres. La figure 1.9 est un exemple d'instructions LLVM qui ajoute 1 à une variable globale. Les chargements (*load*) et les stockages (*store*) se réalisent non plus sur une pile mais seulement à partir et vers des registres. Les types de registres sont généralement évalués depuis les instructions, *e.g.* le type i32 indique que le registre stocke un entier.

```
%0 = load i32* @var // charge une variable globale
%1 = add i32 %0, 1 // ajoute 1 à var
store i32 %1, i32* @var // stocke dans une variable globale
```

FIGURE 1.9 – Exemple d'instructions LLVM.

L'avantage d'une RTM par rapport aux architectures *zero-address* est que les transferts entre registres sont plus efficaces que les transferts depuis et vers une pile d'exécution [Mye77]. Les piles d'exécution étant trop larges pour être contenues sur le processeur, elles sont généralement embarquées dans la mémoire principale de la machine. L'inconvénient des RTM provient de la relative complexité de mise en œuvre de leurs MV [SM77]. Les processeurs ayant, en pratique, un nombre de registres internes très limité, une MV intègre des techniques avancées d'allocation et de gestion dynamique de registre, alors qu'une architecture *zero-address* se repose uniquement sur le fonctionnement de sa pile d'exécution.

1.1.4   Limites des modèles traditionnels de programmation

Les MV définissent un environnement d'abstraction des architectures matérielles et des SE, permettant à une application d'être exécutée de manière similaire sur un ensemble hétérogène de plates-formes. L'exécution du bytecode suit aujourd'hui encore les principes introduits par le P-Code, P-Code qui hérite lui-même des principes de la programmation impérative et procédurale du Pascal. Ces modèles de programmation étaient alors parfaitement adaptés à une exécution sur des machines à processeur unique. Les processeurs subissaient des augmentations continuelles de fréquence d'horloge et de nombreuses améliorations sur le parallélisme de leurs jeux d'instructions, de telle manière que les applications s'exécutaient plus vite sur une nouvelle génération de processeurs sans qu'aucune modification ne soit nécessaire au niveau de l'application.

Désormais, les machines favorisent les architectures multi-cœurs afin de gérer au mieux les problèmes de puissance dissipée liés aux fréquences d'horloge des processeurs. Les architectures matérielles actuelles (serveurs, systèmes informatique et embarquées) sont aujourd'hui fondées sur des architectures à plusieurs processeurs ; processeurs qui eux-mêmes se fondent sur des architectures où le nombre de cœurs est en constante augmentation. Elles ont un impact extrêmement important sur le mode d'exécution des applications. Le recours à un traitement parallèle de l'application est incontournable pour en tirer parti.

Traitement parallèle d'une application par concurrence

Les MV contemporaines doivent donc être capables de s'adapter à la fois à des ISA et des SE distincts, mais aussi à une exécution sur un nombre de processeurs spécifique. Nous définissons le terme d'*exécution scalable* dans cette thèse la capacité d'une MV à s'adapter au nombre de processeurs d'une machine. Cette exécution scalable doit tenir compte de l'existence dans un programme de plusieurs piles sémantiques permettant une exécution séparée de ses tâches sur un nombre donné de processeur. L'application doit alors pouvoir exposer un grand nombre de *concurrence* pour moduler son traitement en fonction des ressources disponibles.

Il existe dans une application trois types de concurrence [SL05] :
- la concurrence *disjointe* : des tâches concurrentes qui ne communiquent et n'interagissent pas entre elles,
- la concurrence *compétitive* : un ensemble de tâches concurrentes qui entrent en compétition pour l'accès à certaines ressources partagées (*e.g.* un port d'entrées/sorties, zone mémoire),
- la concurrence *coopérative* : un ensemble de tâches concurrentes qui coopèrent et qui échangent des données pour atteindre un objectif commun.

Les problèmes induits par la concurrence se manifestent dans les cas d'utilisation compétitive et coopérative, *i.e.* lors d'interactions entre les processus.

Les premières approches de traitement parallèle sur les applications se fondent sur une analyse automatique des modèles de programmation traditionnels pour en extraire les parties pouvant s'exécuter en concurrence [BENP93]. Ces analyses ont pour but de diviser l'ordre total d'une suite d'instructions en un ensemble d'entités concurrentes et à ordre partiel. Chacune de ces entités peut alors travailler sur une pile d'exécution isolée. Cependant, l'indéterminisme provoqué par l'exécution rend extrêmement complexe la détection des accès partagés entre plusieurs entités [Lee06]. La capacité de détection de concurrence de ces analyses est au final très limitée. Il est communément admis qu'une véritable scalabilité d'exécution ne peut être actuellement atteinte que par une description explicite de la concurrence dans une application, faite par le développeur de l'application [Lee06].

La concurrence exprimée par threads

Les langages populaires de programmation pour MV HLL (*e.g.* JVM et CLR) permettent d'exprimer la concurrence dans une application par l'utilisation de threads [ISO00]. Les threads sont des processus indépendants d'un programme se partageant dans un programme une mémoire commune. Pour gérer la concurrence compétitive et coopérative, ces threads utilisent différentes primitives de synchronisation comme les mutex, les moniteurs ou encore les sémaphores [GL08, Tau06]. Ces primitives sont des formes plus ou moins évoluées de verrouillage de processus qui permettent l'introduction du synchronisme entre des tâches concurrentes (sur une ressource ou plus généralement sur une section critique). Leur utilisation dans les MV HLL s'effectue par des appels à des fonctions dédiées, définies dans la librairie standard. Celles-ci adaptent le fonctionnement de ces threads selon l'architecture de la machine, principalement au type d'ordonnanceur de processus utilisé par le SE. La figure 1.10 schématise cet environnement.

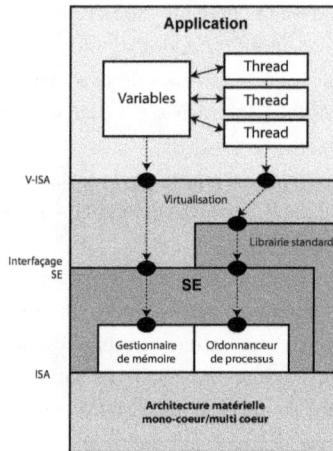

FIGURE 1.10 – Schéma synoptique de l'environnement d'exécution de threads dans une MV.

L'ordonnanceur de processus d'un SE définit un temps d'exécution alloué à chaque thread sur un ou plusieurs processeurs. Lorsque l'application dispose de plus de threads que de processeurs, l'exécution de chaque thread est partagée sur un même processeur. Le modèle de programmation par thread comporte donc des propriétés d'exécution scalable.

Cependant, Lee identifie de nombreux *problèmes avec les threads* [Lee06] et soutient que ce modèle d'abstraction est inadapté à une description efficace de la concurrence dans une application. Ces problèmes sont en grande partie liés à la difficulté et au coût de mise en œuvre des primitives de synchronisation ainsi que des nombreux blocages de processus possibles provoqués par l'utilisation de ces primitives d'exécution. L'exécution de threads est dans la plupart des cas non-déterministe, *i.e.* il est souvent impossible de déterminer l'ordre de leurs exécutions sur les machines. Les primitives apportent une solution partielle à ce non-déterminisme, mais elles entrainent également deux problématiques majeures :

- l'*interblocage* (*deadlock*) [CES71] de threads concurrents qui s'attendent mutuellement,
- la *famine* (*livelock*) [TT01] d'un thread qui essaie d'acquérir une ressource, mais qui n'est jamais ordonnancé au moment de la disponibilité de la ressource.

La figure 1.11 est un exemple d'interblocage où deux threads (1.11(a) et 1.11(b)) doivent acquérir deux mutex (M1 et M2) dans un ordre différent avant d'exécuter leurs instructions.

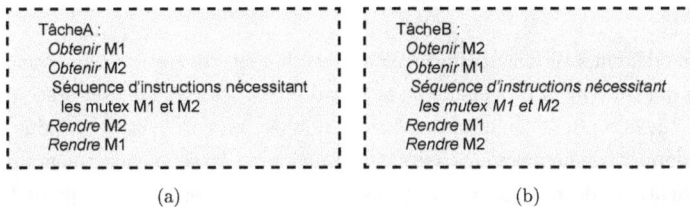

```
TâcheA :                            TâcheB :
  Obtenir M1                          Obtenir M2
  Obtenir M2                          Obtenir M1
  Séquence d'instructions nécessitant   Séquence d'instructions nécessitant
  les mutex M1 et M2                   les mutex M1 et M2
  Rendre M2                           Rendre M1
  Rendre M1                           Rendre M2

        (a)                                  (b)
```

FIGURE 1.11 – Synchronisme entre deux threads par l'utilisation du mutex M1 et M2.

Un interblocage est possible, si, par exemple, la tâche A obtient M1 et la tâche B obtient simultanément M2. La tâche A attend alors l'obtention de M2 pour dérouler ses instructions et la tâche B attend réciproquement l'obtention M1. L'application est ainsi dans un état où ses deux tâches attendent un évènement qui ne peut plus intervenir, son exécution est définitivement bloquée [Lea00].

De manière générale, ces problèmes ne peuvent être détectés qu'à l'exécution et leur probabilité d'apparition augmente proportionnellement au nombre de threads contenus dans une application. Lee conjecture que la plupart des programmes fondés sur les threads contiennent un grand nombre de ces bogues [Lee06], mais qu'ils sont encore masqués par le faible parallélisme des architectures actuelles (un voir deux processeurs). Le coût des commutations d'un thread à un autre sur ces architectures masque la concurrence entre les tâches, ainsi peu de threads s'entrelacent réellement. Cependant, d'après Lee, la banalisation des architectures multi-cœurs mettra à jour progressivement ces bogues et provoquera à terme un grand nombre d'échecs système.

D'autres méthodes de description de concurrence existent, nous citerons notamment les extensions pour la programmation parallèle PVM [GBD⁺94] et OpenMP [DM98] ou la librairie d'envoi de messages MPI [GLS94]. Cependant,

leur utilisation ne simplifie que partiellement la programmation de tâches concurrentes [Lea00]. Parmi ces solutions, la programmation par modèle flux de données
offre une abstraction simple, fiable et intuitive pour la modélisation de la concurrence, adaptée aux applications de traitement de signal.

1.2 La programmation dédiée "flux de données"

Le principe flux de données se réfère à la fois à un modèle de programmation [LP95] et à une famille d'architectures de processeurs fondée sur ce modèle [AN90]. Nous nous intéressons dans cette section à la modélisation flux de
données comme alternative aux threads de MV pour exprimer la concurrence de
tâches.

Un modèle flux de données est une abstraction sur les tâches d'une application
réalisant un traitement de signal. Son application vise les systèmes dits "réactifs", *i.e.*
qui réagissent continuellement à un flux de données en entrée et qui produisent un
flux de données de données en sorties. Ce domaine est large, il concerne notamment
les applications de filtrage, de compression, de transmission et de prédiction de
données, de contrôle sur des systèmes continus, etc. [BB93]. Une modélisation flux
de données permet à de telles applications d'être décomposées en une collection
d'opérations qui communiquent ensemble. Elles sont identifiables à l'aide de graphes
permettant une représentation visuelle du flux de données passant aux travers de
ces opérations.

1.2.1 Représentation par graphe flux de données

Un graphe flux de données (figure 1.12) est la modélisation d'un programme flux
de données où les sommets représentent les opérations à effectuer et les arcs représentent les données qui circulent entre les opérations. Les données sont transportées
aux travers des arcs par des jetons (*tokens*), définies comme une donnée insécable.

Un graphe à flux de données est un couple $G = (V, E)$ où :

- V est l'ensemble des sommets (les *opérations*) du graphe,
- $E \subseteq V \times V$ est l'ensemble des arcs (les *communications*) reliant les sommets
  du graphe.

Un arc est un couple $e = (i, j)$, i est l'extrémité initiale de e et j est l'extrémité finale de e. On note $\mathsf{src}(e) = i$ et $\mathsf{dst}(e) = j$. L'ensemble des arcs
forme un ensemble partiellement ordonné sur les opérations qui reflète leurs dépendances de données. L'ensemble des prédécesseurs d'un sommet j est définit
par $\mathsf{pred}(j) = \{i \in V \mid (i, j) \in E\}$. Réciproquement, l'ensemble des successeurs d'un
sommet i est définit par $\mathsf{succ}(i) = \{j \in V \mid (i, j) \in E\}$.

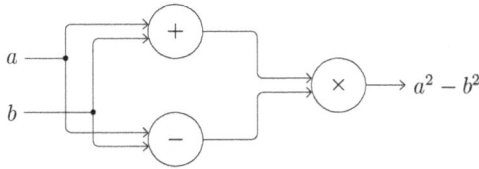

FIGURE 1.12 – Graphe flux de données réalisant l'opération $y = (a + b) \times (a - b)$.

Les opérations d'un modèle flux de données sont similaires aux opérations d'une programmation fonctionnelle : elles sont évaluées en tant que fonctions mathématiques sans effet de bord. Un graphe flux de données permet la représentation explicite de la concurrence entre les opérations :

– L'encapsulation d'opérations en un seul sommet supprime la possibilité d'une concurrence *compétitive* entre deux opérations.

– Deux opérations peuvent être mises en relation si un chemin, suite consécutive d'arcs, existe entre elles, ce qui modélise alors la concurrence *coopérative*.

– Certaines opérations peuvent ne pas être mises en relation, elles modélisent la concurrence *disjointe*.

A titre d'exemple, l'addition et la soustraction de la figure 1.12 n'ont pas de relation d'ordre, elles peuvent donc potentiellement être exécutées en parallèle. En revanche, les dépendances de données à l'entrée de la multiplication imposent une exécution après l'addition et la soustraction.

1.2.2 Ordonnancement de tâches

Dans le cadre d'une exécution sur MV, l'ordonnancement des opérations du graphe est une tâche fondamentale pour exécuter l'application. Le nombre de ressources de calcul étant généralement inférieur aux nombres d'opérations contenues dans un graphe, les opérations ne peuvent pas être exécutées en réelles concurrences mais doivent être distribuées entre les ressources. Il s'agit alors de déterminer la manière dont les ressources sont assignées aux opérations, ainsi que l'ordre d'exécution et leurs instants de "réveil".

Le réseau de Kahn

Kahn [Kah74] établit une sémantique de programmation parallèle permettant de modéliser la distribution de ces systèmes. Par cette sémantique, il définit un environnement où des processus déterministes communiquent entre eux par le passage de messages asynchrones dans des canaux de communication (les arcs). Les canaux de communications sont unidirectionnels, de taille infinie et de type *First In First Out* (FIFO). Kahn démontre que le réseau de processus résultant, le *Kahn Process Network* ou KPN, possède un comportement déterministe et que l'ordre d'exécution des processus du réseau n'aura donc pas d'influence sur le résultat en sortie. Un KPN peut ainsi être modélisé par des processus séquentiels qui écrivent et lisent depuis et vers les canaux de communication.

Nous définissons ici la notation utilisée par Kahn [Kah74] pour décrire le comportement d'un KPN. Les FIFO d'un KPN transportent une séquence de jetons définie comme $X = [x_1, x_2, ...]$ où x_i est un jeton. Une FIFO ne contenant aucun jeton correspond à une séquence vide notée $\perp$. Lorsqu'une séquence X précède une séquence Y, par exemple $X = [x_1, x_2]$ et $Y = [x_1, x_2, x_3]$, nous notons $X \sqsubseteq Y$.

L'ensemble de séquences de jeton possible est noté S et S^p est l'ensemble des p-uplet d'une séquence, en d'autres termes, $[X_1, X_2, ..., X_p] \in S^p$. Par exemple, S^2 peut correspondre à $s_1 = [[x_1, x_2, x_3], \perp]$ ou encore à $s_2 = [[x_1], [x_2]]$. La longueur d'une séquence est donnée par $|X|$. Similairement, la longueur d'un élément $s \in S^p$ est notée $|s| = [|X_1|, |X_2|, ..., |X_p|]$. Par exemple, $|s_1| = [3, 0]$ et $|s_2| = [1, 1]$.

Un processus au sens de Kahn à m entrées et n sorties est une fonction continue et monotone :

$$F : S^m \to S^n$$

La monotonie indique qu'une variation sur la taille d'une séquence de jetons en son entrée ne provoque qu'une même variation de taille sur la séquence de sortie, sans modification sur les valeurs des jetons. C'est une propriété primordiale car elle permet de garantir à un processus de produire une séquence de jetons sans attendre la réception complète d'une séquence de jetons en entrées. Elle rend donc possible le traitement ininterrompu d'un flux de jetons sur des canaux de communication de tailles finies (*Boundedness of channels*). Kahn démontre que le comportement global du réseau est déduit du plus petit point fixe des fonctions continues. Le plus petit point fixe d'une fonction monotone étant unique [Tar55], le réseau ne peut avoir qu'un seul comportement possible.

Un KPN s'ordonnance par une écriture *non-bloquante* depuis une FIFO et une lecture *bloquante* [KM77] vers les FIFO. Une écriture *non-bloquante* signifie qu'un processus ne doit pas être suspendu lors d'une écriture sur une FIFO de sortie pleine. Une lecture *bloquante* signifie qu'un processus doit être suspendu lorsqu'aucune donnée n'est présente sur l'une de ses FIFO d'entrée. L'exécution d'un KPN nécessite donc l'introduction d'un environnement de suspensions et de reprises de tâches, que l'on peut aisément modéliser par des primitives de synchronisme de threads. L'utilisation d'un modèle KPN supprime cependant l'indéterminisme que peut causer l'utilisation directe de threads.

Réseau d'acteurs

Dennis [Den74] étend les principes introduits par le KPN avec la notion d'*acteur*. Un acteur est un processus particulier d'un KPN composé d'une *fonction de tir* et de *règles de tir* (*firing rules*). La composition d'acteurs dans un graphe flux de données forme un *Dataflow Process Network* (DPN). Son but est de supprimer l'utilisation de l'environnement de suspension et de reprises de tâches propres au KPN, car il induit généralement un surcoût important lié à la commutation répétée de contextes entre processus.

Lee [LP95] définit un acteur flux de données à m entrées et n sorties comme le couple (f, R) où :

i - $R \in S^m$ est un ensemble de m-uplets de jetons définissant les règles de tir,

ii - $f : R \to S^n$ est la fonction de tir qui associe une règle de tir à un n-uplet de jetons en sortie.

Un acteur peut avoir N règles de tirs :

$$R = [\mathbf{R}_1, \mathbf{R}_2, ..., \mathbf{R}_N].$$

Une fonction de tir peut être exécutée si et seulement si au moins une des règles de tir est satisfaite. Une règle de tir $\mathbf{R}_i$ définit la consommation sur les entrées d'un acteur comme un ensemble fini de motifs (*patterns*) où chaque pattern est affecté à l'une des m entrées de l'acteur :

$$\mathbf{R}_i = [P_{i,1}, P_{i,2}, ..., P_{i,m}] \in S^m.$$

Un pattern $P_{i,j}$ définit une séquence acceptable de jetons sur une entrée j, elle est satisfaite si et seulement si $P_{i,j} \sqsubseteq X_j$. Si $P_{i,j} = \perp$, le pattern d'une règle de tir i est satisfait pour n'importe quelle séquence de jeton sur j. Si $P_{i,j} = [*]$, cette séquence est satisfaite pour n'importe quelle séquence de jeton *contenant au moins un jeton*. Une dernière définition précise que seule une règle de tir peut être valide pour une séquence donnée en entrée :

$$\exists! r \in R, \ \forall s \in S^m \text{ tel que } r \sqsubseteq s.$$

Un acteur flux de données s'exécute par la vérification de l'ensemble de ses règles de tirs, et par le tir des fonctions correspondantes lorsqu'une règle est valide. Contrairement au KPN, un réseau d'acteurs flux de données ne nécessite pas de lecture bloquante, un environnement de suspension et de reprise de tâches n'est donc plus une nécessité pour son exécution. Cette propriété permet de réduire le nombre de threads et de primitives de synchronisation nécessaires à l'exécution globale de l'application.

1.2.3   Modèles de Calcul de graphe flux de données

Cette section présente une taxonomie de modèles de calcul (*Models of Computation* ou MoC) permettant de modéliser différents types de comportement d'un DPN.

Un acteur de DPN possède par défaut un comportement dynamique (*Dynamic Dataflow* ou DDF), peu d'hypothèses peuvent être effectuées sur l'ordre d'exécution de l'ensemble des acteurs. Les règles de tirs de chaque acteur doivent alors être testées afin de déterminer un ordre d'exécution sur leurs fonctions de tir.

Les MoC permettent de restreindre le comportement dynamique des acteurs par un ensemble de règles réduisant leurs *expressivités*, mais apportant plus d'*analysabilité* sur le comportement général du DPN. Il est alors possible de réaliser une série d'optimisation sur l'exécution du DPN. La figure 1.13 illustre les compromis entre différents modèles.

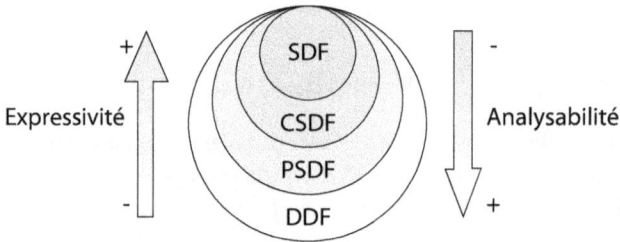

FIGURE 1.13 – Comparaison de l'expressivité et de l'analysabilités des Modèles de Calcul de graphe flux de données.

Le modèle flux de données synchrones (*Synchronous DataFlow* ou SDF) est le modèle DPN le moins expressif mais il est aussi le plus populaire du fait de son analysibilité. Il existe dans la littérature un grand nombre de MoC. Le lecteur peut se référer à [LSV97] pour obtenir une étude exhaustive sur ces modèles. Nous présentons ici les modèles généraux de MoC, qui nous serons utiles dans la suite de cette thèse.

Modèle flux de données synchrones

Un acteur de modèle flux de données synchrones (SDF) [LM87a, LM87b] est un acteur qui ne contient qu'une seule règle d'exécution [LP95], valable pour toutes les valeurs possibles des jetons en son entrée. Le nombre de jetons consommés et produits à chaque tir de l'acteur est donc fixe.

Ainsi, un graphe SDF peut se représenter par un 5-uplet $G = (V, E, \pi, \chi, \delta)$ où :
  – V est l'ensemble des acteurs du graphe

- $E \subseteq V \times V$ est l'ensemble des arcs
- $\pi : E \longrightarrow \mathbb{N}$ est une fonction qui, à un arc e, associe le nombre de jetons produits sur e par $\mathrm{src}(e)$
- $\chi : E \longrightarrow \mathbb{N}$ est une fonction qui, à un arc e, associe le nombre de jetons consommés sur e par $\mathrm{dst}(e)$
- $\delta : E \longrightarrow \mathbb{N}$ est une fonction qui, à un arc e, associe le nombre de jetons initiaux (appelés retards) sur e

La représentation conventionnelle d'un graphe SDF est donnée sur la figure 1.14. Les retards, s'ils existent, sont représentés par un gros point, ou *"jetons"*, sur lequel est noté leur nombre. Les productions et les consommations sont respectivement notées au début et à la fin de l'arc.

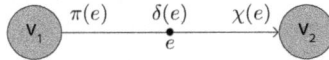

FIGURE 1.14 – Notation pour la représentation graphique de graphe SDF.

Dans un modèle SDF, la séquence d'exécution des acteurs peut être déterminée statiquement (à la compilation), on définit alors cette exécution comme un ordonnancement statique. Ce type d'ordonnancement s'oppose à un ordonnancement dynamique qui teste les règles de tirs à l'*exécution*. Une séquence d'exécution de graphe SDF se représente sous la forme d'un n-uplet $S = (\ldots, v_i, \ldots, v_j, \ldots)$ où v_i désigne une invocation d'acteur pour son exécution. Un graphe SDF est ainsi exécuté en répétant cette séquence sur plusieurs périodes. L'ordonnancement statique des acteurs permet également l'utilisation bornée de la mémoire sur ses arcs, dont la taille peut être déterminée à la compilation.

L'inconvénient majeur d'une modélisation d'application par SDF réside dans sa faible expressivité. Le modèle SDF ne permet par exemple aucune utilisation de structures de contrôle comme le conditionnement ou les boucles de répétitions dépendantes de données, car elles induiraient un changement de consommation/production sur ses règles de tir. Ce type de modèle limite donc le champ d'applications qu'un DPN peut modéliser. Les extensions d'expressivité du modèle SDF permettent de prendre en compte ces structures de contrôle en compte, mais au prix d'une réduction sur l'analysabilité de ces modèles.

Modèle flux de données statiques à phases cycliques

Le modèle flux de données statiques à phases cycliques (*Cyclo-Static Dataflow* ou CSDF) étend le modèle flux de données synchrones par l'introduction de la notion d'état d'acteur [BELP96]. Cet état permet de modéliser une variation du rythme

de consommation/production d'un acteur selon une forme périodique fixe. La production et la consommation des acteurs sur chaque port d'entrées/sorties sont alors
des n-uplet où chaque élément reflète une production et une consommation sur une
phase d'exécution de ce cycle. Le principal intérêt du modèle CSDF est qu'il permet
de réduire la taille des mémoires entre les acteurs.

Un graphe CSDF se représente par la donnée du 6-uplet $G = (V, E, \phi, \pi, \chi, \delta)$
où :

- V est l'ensemble des acteurs du graphe
- $E \subseteq V \times V$ est l'ensemble des arcs
- $\phi : V \longrightarrow \mathbb{N}$ est la fonction qui, à un sommet v, associe le nombre de phases
  d'exécution sur v
- $\pi : E \times \mathbb{N}^* \longrightarrow \mathbb{N}$ est une fonction qui, à un arc e et un entier i strictement
  positif, associe le nombre de jetons produits sur e à la phase i
- $\chi : E \times \mathbb{N}^* \longrightarrow \mathbb{N}$ est la fonction qui, à un arc e et un entier i strictement
  positif, associe le nombre de jetons consommés sur e à la phase i
- $\delta : E \longrightarrow \mathbb{N}$ est la fonction qui, à un arc e, associe le nombre de jetons initiaux

La figure 1.15 est une représentation de graphe CSDF composé de deux acteurs à
trois phases d'exécution et d'un acteur SDF. L'état d'un acteur peut se représenter
comme un argument additionnel aux règles de tirs d'un acteur. Sur une période
complète, un acteur CSDF peut se modéliser par un acteur SDF. Le modèle CSDF
ne permet donc pas la représentation de structure de contrôle, en revanche son
caractère analysable est équivalent au graphe SDF.

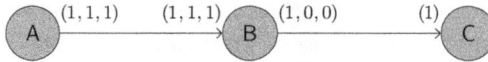

FIGURE 1.15 – Représentation graphique d'un graphe CSDF.

Les modèles quasi-statiques

Les modèles quasi-statiques [BLL+11] représentent un ensemble de MoC à l'expressivité suffisante pour pouvoir définir des structures de contrôle et des comportements dépendants des données sur les arcs. Ces modèles diffèrent du modèle DDF
générique d'un DPN car elles permettent l'analyse d'un grand nombre d'opérations
statiques du graphe, de telle sorte que seules les structures de contrôle soient identifiées comme ayant un comportement dynamique à l'exécution.

Le modèle flux de données conditionné (*Boolean DataFlow* ou BDF) [Buc93]
représente une extension du SDF et CSDF par l'ajout d'acteurs dynamiques spécifiques, Switch (figure 1.16(a)) et Select (figure 1.16(b)), réalisant les opérations

de conditionnement. Contrairement au SDF, le modèle BDF est Turing-complet et donc tout algorithme peut être exprimé par un modèle BDF. Cependant, les deux acteurs `Switch` `Select` sont limités par une consommation/production d'un unique jeton, ce qui complexifie leurs utilisations.

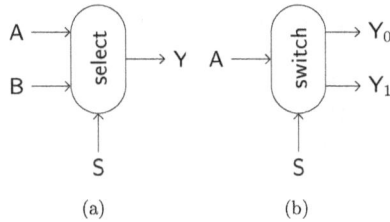

(a)   (b)

FIGURE 1.16 – Acteurs de contrôle d'un graphe BDF.

Le modèle flux de données paramétrées (*Parameterized Dataflow* ou PSDF) [BBM01] est une alternative au BDF pour la modélisation de graphes quasi-statiques. Un PSDF est un graphe doté de ports, de paramètres et de trois types de sous-graphes :

- Un sous-graphe *corps* φ_b : un graphe SDF où les consommations/productions des acteurs sont des fonctions des paramètres,
- Un sous-graphe *subinit* φ_s : un graphe ayant la capacité de consommer sur les ports et de changer les paramètres tant qu'ils n'affectent pas les consommations/productions des acteurs du sous-graphe corps,
- Un sous-graphe d'*initialisation* φ_i : un graphe ayant la capacité de changer les paramètres sans restriction.

La figure 1.17 est un exemple de graphe PSDF où A et B sont des acteurs SDF et C est un graphe PSDF. Le graphe C se compose d'un paramètre r et de deux paramètres d'acteur p et q, qui régulent les consommations/productions des acteurs D, E et F.

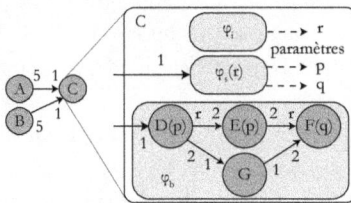

FIGURE 1.17 – Représentation graphique d'un graphe PSDF.

Une représentation sous forme de hiérarchie PSDF permet à la couche supérieure du graphe d'être conforme au modèle SDF, tandis que les sous-graphes inférieurs possèdent des comportements localement synchrones (*local synchrony*) [BBM01]. Ces comportements localement synchrones permettent un ensemble d'hypothèses sur le comportement de ces sous-graphes selon la valeur de leurs paramètres.

Une représentation d'application par PSDF est généralement complexe à mettre en œuvre car elle nécessite d'identifier de manière stricte différents comportements sur les algorithmes. De ce fait, elle est plus couramment utilisée comme une représentation intermédiaire de MoC dans un DPN capable de modéliser dans un unique graphe des comportements SDF, CSDF et BDF.

1.3 CAL Actor Language (CAL)

Un DPN représente les opérations d'un graphe à la manière de "boites noires", dont les seules parties visibles sont les connexions aux ports d'entrées/sorties des acteurs. La description des acteurs doit cependant respecter les consignes fixées par le DPN et éventuellement d'un MoC, à savoir une ou plusieurs règles de tir, une fonction de tir, des ports d'entrées/sorties, un état et des paramètres. L'ensemble de ces éléments définit une syntaxe abstraite pour la conception d'acteurs appelée *programmation orientée acteur* (actor-oriented design) [LLN09]. Il existe plusieurs manières de définir cette syntaxe : par programmation graphique, par exemple fondée sur le XML [DIHK+08], par langages généralistes de programmation objet utilisant des APIs spécifiques, comme SystemC [IEE06] pour le *C++* et Ptomely [BHLM02] pour le *Java*, ou encore par langage orienté acteur, comme StreamIt [TKP02] et le CAL Actor Langage (CAL) [BHLM02].

Parmi ces dernières solutions, le langage CAL a une sémantique simple et concise dédiée exclusivement à la description de comportements DPN. Ce langage se fonde sur le constat que, comparé aux langages de programmation généralistes, un langage dédié à un domaine spécifique (les *Domain-Specific Languages* ou DSL) offre aux utilisateurs une notation et une abstraction plus appropriées pour la modélisation de systèmes [EJ01, EJ03b]. Ainsi, le langage CAL fut créé en 2003 afin de remplacer les descriptions *Java* d'acteurs dans l'environnement de développement Ptomely II [Wer02].

CAL est donc un DSL pour la représentation DPN, et plus précisément pour la description du comportement de ses acteurs à un haut niveau d'abstraction. Il vise à accroître la portabilité et la réutilisation des descriptions d'acteurs en isolant les spécificités liées à l'utilisation d'un langage spécifique, d'une interface de programmation (*Application Programming Interface* ou API) ou encore d'une plate-forme de développement.

1.3.1 Principes et structures

Le langage d'acteur CAL est une représentation explicite des entités d'un acteur DPN, ce langage possède donc une sémantique fondée sur la consommation/production de données depuis/vers les ports, sur la représentation de règles de tir et sur le changement d'état d'acteur. La figure 1.18 présente la syntaxe globale d'un acteur. Cette syntaxe, sous une notation générique où l'élément $*$ désigne un ensemble possiblement vide, $?$ représente un ou aucun élément et $()$ les sémantiques du langage concernées par ces éléments.

$$
\begin{array}{lll}
acteur & \leftarrow & \texttt{actor}\ nom\ (paramtres)\ ports \texttt{==>} ports: \quad \text{prototype} \\
& & (v\ ;)* \qquad\qquad\qquad\qquad\qquad\qquad \text{variable d'états} \\
& & a* \qquad\qquad\qquad\qquad\qquad\qquad\qquad\ \text{actions} \\
& & priority\ fsm \qquad\qquad\qquad\qquad\quad\ \ \text{structures de contrôles} \\
& & \texttt{end}
\end{array}
$$

FIGURE 1.18 – Syntaxe globale d'un acteur CAL.

Le prototype d'un acteur ($actor$) décrit successivement le nom d'un acteur, sa signature et optionnellement ses paramètres. Les paramètres d'un acteur sont des constantes internes à l'acteur fixées à l'$instanciation$ par un graphe flux de données. La figure 1.19 est un exemple de prototype d'un acteur $quant$, possédant une entrée I, une sortie O et un paramètre $signed$.

```
actor quant(bool signed)  int I ==> int O :
```

FIGURE 1.19 – Prototype d'un acteur CAL.

L'exécution d'un acteur s'effectue selon une séquence d'étapes élémentaires appelées $actions$. Elles sont définies dans le corps de l'acteur. Les états d'un acteur sont représentés par un ensemble de variables d'états et éventuellement d'un automate fini ($Finite\ State\ Machine$ ou FSM) et de priorité ($priority$). Le corps d'un acteur peut être vide ou contenir des déclarations de variables, des fonctions, des procédures, des priorités et, au maximum, un automate fini.

1.3.2 Déclaration des variables d'états

Les variables d'états d'un acteur peuvent définir soit des constantes soit des variables de stockage d'un état de l'acteur. Elles sont obligatoirement typées. Dans ce but, CAL définit un ensemble de type : *int* et *uint* pour les entiers signés et non-signés, *bool* pour les booléens, *float* pour les nombres à virgule flottante, *string* pour les chaines de caractères et *Llist* pour les tableaux d'entiers. La figure 1.20 définit la syntaxe de déclaration pour les variables d'états et la figure 1.21 représente trois exemples de déclaration possibles.

v	←	*type nom* ((=|:=) *e*)?	définition d'une variable
e	←	littéral	expression
	|	*op e*	opération unaire
	|	*e op e*	opération binaire
	|	if (*e*) then *e* else *e* end	condition
	|	[*es* (: for *type name* in *e*)?]	générateur de liste
es	←	*e* (, *e*)*	liste d'expressions

FIGURE 1.20 – Syntaxe de déclaration de variables.

Les variables d'états sont uniquement assignées à des expressions (*e*). Une assignation par = indique que la variable est affectée une fois pour toute à l'expression. Elle définit donc une constante. A l'inverse, une assignation par := indique que cette expression a un état initial, elle peut donc être ensuite utilisée pour stocker un état de l'acteur. Le mot clef *size* est optionnel et définit une taille stricte sur des types entiers.

```
// Constante
uint MAGIC_NUMBER = 0x1F8B;

// Variable d'état
uint(size=8) bits;

// Variable d'état dotée d'un état initial
uint num_bits := 0;
```

FIGURE 1.21 – Exemple de déclaration de variables d'états.

Les expressions CAL (figure 1.20) sont sans effet de bord; *i.e.* une expression ne peut ni modifier une variable ni écrire en mémoire. Ce type d'expression est à opposer aux langages de programmation impérative où les expressions sont capables d'incrémenter des pointeurs ou d'appeler une procédure changeant l'état du programme.

La syntaxe des expressions inclut : la référence aux variables (possiblement indexée en cas de liste), des opérations unaires et binaires, ainsi qu'une structure conditionnelle de type *if/then/else*. Un générateur de liste permet la création d'un ensemble d'expressions par l'application d'une boucle de type *for*. La figure 1.22 est un exemple d'initialisation de variable d'état *BufferRbsp* à un ensemble $[0,0,0,0]$.

```
List(type: uint, size=4) BufferRbsp := [0: for int s in 0 .. 3];
```

FIGURE 1.22 – Déclaration d'une liste d'expressions.

1.3.3 Structure d'une action

Une action définit une fonction à appliquer sur un flux d'entrée. Elle est donc l'unique point d'entrée pour le tir de l'acteur. Durant le tir d'une action, une séquence finie de jetons est consommée, une séquence finie de jetons est produite, l'état interne de l'acteur peut être modifié et la séquence de sortie peut alors être dépendante de l'état courant. La figure 1.23 présente la syntaxe d'une action.

$$
\begin{array}{lll}
a & \leftarrow & (label\ :)?\ \texttt{action}\ entres\ \texttt{==>}\ sorties & \text{signature} \\
& & (\texttt{guard}\ es)? & \text{garde} \\
& & (\texttt{var}\ v\ (,\ v)*)? & \text{variables} \\
& & (\texttt{do}\ s*)? & \text{corps} \\
& \texttt{end} & &
\end{array}
$$

FIGURE 1.23 – Syntaxe d'un action.

La signature d'une action définit le nombre de jetons consommés et produits sur les ports d'une action. Elle représente donc une règle de tir de l'acteur. Le *corps* d'une action définit la fonction de tir à exécuter lorsque cette règle de tir est valide.

Lors de l'exécution d'une action, une variable est allouée à chaque port d'entrée représentant la/les valeur(s) du/des jeton(s) consommé(s). Une variable est affectée à chaque port de sortie, représentant la/les valeur(s) à produire. Les ports concernés sont identifiés par un nom défini dans la signature de l'acteur.

$$
\begin{array}{lll}
s & \leftarrow & \texttt{if}\ (e)\ \texttt{then}\ s*\ (\texttt{else}\ s*)?\ \texttt{end} & \text{structure conditionnelle} \\
& | & \texttt{while}\ (e)\ \texttt{do}\ s*\ \texttt{end} & \text{boucle while} \\
& | & nom([es])*\ \texttt{:=}\ e; & \text{assignement} \\
& | & (nom([es])*\ \texttt{:=})?\ fonction(es); & \text{appel de fonction}
\end{array}
$$

FIGURE 1.24 – Instructions d'action CAL.

La déclaration d'un port dans la signature d'entrée d'une action entraîne une consommation de jetons et le stockage de sa valeur sur une variable. Inversement, la déclaration d'un port dans la signature de sortie d'une action entraîne une production de jetons depuis la valeur d'une variable. La sémantique optionnelle *repeat* permet d'étendre la consommation/production d'une action à plusieurs jetons depuis une liste de valeurs. Enfin, une action possède éventuellement un label pour son identification au sein de l'acteur. A titre d'exemple, la figure 1.25 décrit l'action *decim* d'un acteur CAL. Cette action réalise une décimation d'ordre 2 par la consommation de deux jetons sur l'entrée I et la production d'un unique jeton sur la sortie O. CAL autorise un acteur à avoir de multiples actions permettant ainsi l'expression de l'indéterminisme dans le comportement de l'acteur. Par ailleurs, une action particulière nommée *initialize* permet de définir le comportement de l'acteur à l'initialisation.

```
decim: action I :[u] repeat 2 ==> O: [u[0]] end
```

FIGURE 1.25 – Description d'une action réalisant une décimation d'ordre 2 en RVC-CAL.

Le corps définit le comportement d'une action par une série d'instructions. La figure 1.24 définit la syntaxe de ces instructions. Une action peut appeler des procédures ou des fonctions définies en dehors de l'action. Une fonction CAL est composée de paramètres d'appel, de variables locales et d'une valeur de retour. La figure 1.26 est un exemple de fonction retournant le résultat de l'addition de ses paramètres a et b.

```
function addition(int a, int b) --> int : a + b end
```

FIGURE 1.26 – Déclaration d'une fonction réalisant l'addition entre le paramètre a et b.

Une *fonction* est sans effet de bord, *i.e.* qu'elle ne peut ni accéder à une variable d'état ni la modifier. Une procédure diffère d'une fonction par sa capacité d'exécution avec des effets de bord possibles sur l'état de l'acteur. Elle ne possède cependant pas de valeur de retour.

1.3.4 Structure de contrôle sur les actions

Lors de l'exécution de l'acteur, une seule action peut être tirée à la fois. La présence de multiples actions nécessite donc la mise en place de plusieurs mécanismes de sélection :

- *Les gardes* : sont des mécanismes de contrôle permettant l'exécution conditionnelle d'une action, en fonction de l'état d'un acteur ou de la valeur d'un jeton en entrée d'un port.
- *Un automate fini* : permet de réguler l'évolution de l'état d'un acteur par une série de transitions sur les actions.
- *Priorités* : visent à lever l'indéterminisme que peut provoquer deux règles de tirs valides sur deux actions distinctes. L'action tirée est alors déterminée selon son ordre de priorité.

CAL permet la description d'une application en utilisant différents niveaux d'abstraction (actions, guards, FSM, priorités et enfin graphes flux de données). Chacune de ces abstractions permet de modéliser un comportement précis sur l'enchaînement de fonctions de tir. Deux fonctions d'une application ayant une forte dépendance de données ne doivent pas être décrites sous la forme de deux acteurs séparés, car cette description induirait un grand nombre de connexions superflues dans le graphe. L'utilisation d'un automate fini permet de spécifier un ordre séquentiel ou conditionnel sur le déroulement des actions. La priorité est généralement utilisée pour modéliser des comportements dépendant du temps et des conditionnements sur les actions.

La figure 1.27 est un exemple d'acteur réalisant une décimation d'ordre 2 par l'utilisation d'un automate fini. L'acteur est composé d'une entrée R et d'une sortie $R2$. L'automate fini impose l'action $a0$ à être exécutée lors du premier tir de l'acteur. Le tir de l'action entre une consommation sur R. L'action $a1$ est ensuite exécutée en un second tir. Elle réalise alors la copie de son entrée R sur la sortie $R2$.

```
actor Downsample() bool R ==> bool R2 :

  a0: action R:[ r ] ==> end
  a1: action R:[ r ] ==> R2:[ r ] end

  schedule fsm s0:
    s0 (a0) --> s1;
    s1 (a1) --> s0;
  end

end
```

FIGURE 1.27 – Acteurs CAL réalisant une décimation d'ordre 2.

1.3.5   Polymorphisme d'un acteur CAL

Le langage d'acteur CAL peut être utilisé pour la spécification d'opérations dans un DPN, ce qui inclut également les MoC présentés en section 1.2.3. En effet, le langage CAL est fondé sur la sémantique générale du DPN avec en plus la possibilité d'exprimer l'indéterminisme, qui est un modèle très général. Le comportement d'un acteur CAL peut également être catégorisé comme dépendant du temps (*time-dependent*) ou non (*time-independent*). Un acteur *time-independent* est monotone et déterministe, ce qui garantit qu'un acteur produit les même résultats peu importe son environnement et ses périodes de tirs. Cet acteur peut ainsi être modélisé par un KPN avec lecture bloquante. A l'inverse, un acteur *time-dependent* peut avoir un comportement différent selon les temps d'arrivée des jetons, il est alors impossible de décrire son comportement par un KPN.

Le langage CAL permet également de restreindre son expressivité pour la modélisation d'acteur SDF, CSDF et au PSDF. Ces choix sont alors spécifiés par le concepteur lors de la description de l'acteur. Par exemple, l'acteur en figure 1.27 est un acteur qui a un sens dans le modèle CSDF ; l'exécution de l'acteur implique une première phase d'exécution où l'action $a0$ consomme 1 jeton et une deuxième phase d'exécution où l'action $a1$ consomme et produit 1 jeton.

1.4   Environnement de conception, d'analyse et de compilation de modèles flux de données

On trouve de nombreux outils dans les environnements de conception de système de traitement de signal se fondant sur la programmation graphique par modèle flux de données. Nous citerons notamment les environnements de programmation Khoros [RW91], Signal Processing Worksystem [BL91], DSP Station [WDVC+94] ; MATLAB et son interface visuelle Simulink [SD97] étant l'environnement de conception le plus populaire. Une étude complète sur ces environnements de programmation graphiques est disponible dans [Hil92]. Ces environnements fournissent un ensemble complet d'outils, capable de concevoir, d'interpréter ou de compiler des représentations flux de données. La compilation de ces modèles se réalise alors vers des langages procéduraux standards comme le C ; vers du code assembleur pour des processeurs de type DSP [PHLB95] ; ou vers des spécifications de mises en œuvre d'architecture flux de données sur silicium [DMCG+90].

Cependant, bien que ces environnements se revendiquent comme des variations de sémantique pour la programmation flux de données, ils n'ont que peu de concordance avec une réelle sémantique de DPN [LP95]. Le modèle de programmation CAL est lui une stricte application de la sémantique DPN pour la programmation d'acteurs. Nous limiterons donc notre présentation des outils de conception, d'analyse et de compilation de modèles flux de données aux environnements capables de supporter le paradigme CAL. La figure 1.28 introduit cet environnement.

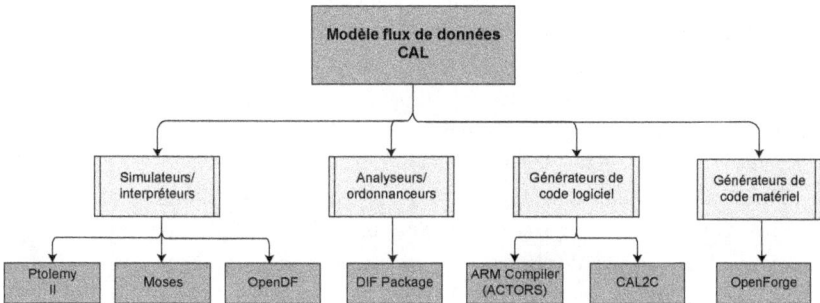

FIGURE 1.28 – Outils de développement CAL.

1.4.1 Simulation et synthèse logicielle de programme CAL

La relative jeunesse du langage de la programmation CAL (2003) permet de dresser un bref historique (figure 1.29) sur l'évolution des outils et de ses applications.

CAL est historiquement supporté par l'environnement de développement **Ptolemy II** [EJL+03] par l'intermédiaire d'un interpréteur dédié développé en Java [BHLM02]. Cet interpréteur fut successivement porté à d'autres environnements de développement et de simulation de modèle flux de données, *i.e.* **Moses** [EJ01] et **OpenDF** [BBJ+08].

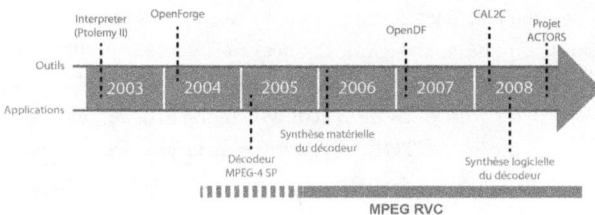

FIGURE 1.29 – Historique des outils et des applications CAL.

OpenDF est devenu progressivement l'environnement de référence pour la programmation d'application CAL. Sa particularité est d'intégrer, parallèlement à l'interpréteur CAL classique, un générateur de représentations intermédiaires sous forme

XML Language-Independent Model (XLIM) [Xil07]. XLIM est un langage de type XML pour une représentation générique de modèle impératif de programmation. XLIM permet ainsi, à l'instar des compilateurs modernes, de simplifier la transformation de modèle flux de données par l'utilisation d'un unique *front-end* (CAL vers XLIM) [MFA01] vers plusieurs *backends*. OpenDF intègre un backend pour la transformation d'une représentation XLIM vers une représentation HDL et Verilog pour des plates-formes matérielles (*OpenForge*) [JMP+11]. Il intègre également un backend développé dans le cadre du projet ACTORS[1] qui traduit une représentation XLIM vers une représentation C pour des plates-formes logicielles et plus particulièrement des plates-formes ARM [vP11].

Parallèlement à OpenDF, Cal2C [RWR+08] est un compilateur complet de programme CAL vers une représentation SystemC [IEE06] dédiée aux plates-formes logicielles. L'application de référence pour l'ensemble de ces générateurs est une description propriétaire du décodeur MPEG-4 *Simple Profile* (SP) réalisée dans le cadre du projet OpenDF [JMP+11, WRN09]. Par ailleurs, il existe d'autres outils de compilation liés à l'environnement CAL, mais supportant une variante de ce langage normalisé par MPEG dans MPEG RVC. Nous consacrerons le chapitre suivant à cette norme et ces outils.

1.4.2 Analyse d'un programme CAL

Plusieurs outils d'analyse gravitent autour de l'environnement OpenDF. Ils sont principalement développés dans le cadre du projet ACTORS pour l'analyse d'acteurs CAL [Luc11] :

- **Cal Static Analyzer** (CSA) : un outil de classification CAL dont le but est de restreindre le comportement dynamique des acteurs par différents MoC.
- **Cal Dynamic Analyzer**(CDA) : un analyseur d'applications CAL qui injecte des codes d'analyse dans les acteurs pour une analyse à l'exécution.
- **ProfiCal** (PC) : un analyseur de données sur les jetons produits et consommés pendant l'exécution d'une application CAL.
- **CrossCal** (CC) : un outil de métrique tirant parti de l'ensemble des outils d'analyse du projet ACTORS. Il permet d'extraire les actions, les chemins critiques et la taille des données échangées entre acteurs sur un programme CAL.
- **WeightCAL** (WC) : un outil de gestion des temps d'exécution alloués à chacune des actions d'un acteur en vue de son optimisation.

Un outil de *codesign* est également en cours d'élaboration dans le cadre de ce projet permettant la modélisation d'interfaces de communication entre des mises en

---

1. Site officiel du projet ACTORS : http ://www.actors-project.eu

œuvre de codes matériels et logiciels d'applications CAL [LMD07, LM07].

En dehors du projet ACTORS, l'environnement *The DIF Package* (TDP) [PSK$^+$08] intègre le support de CAL pour l'analyse générique de programme flux de données. Son langage dédié, le *Dataflow Interchange Format* (DIF) [HCK$^+$07], permet l'annotation et la représentation d'un ensemble d'acteurs CAL dans différents MoC. TDP fournit un certain nombre d'analyses selon le mode d'exécution d'un ensemble d'acteurs ouvrant la voie à une exécution à différents niveaux de granularité dans une même application. Cet environnement peut être associé à un générateur de code *DIF-to-C* [HKB05] pour la simulation d'un décodeur représenté en DIF sur des plates-formes logicielles.

1.5   Positionnement de la thèse

De la présentation exhaustive des outils CAL réalisée dans la section précédente, nous en déduisons que le thème des MV n'a jamais été abordé dans la programmation CAL. L'interpréteur JAVA initié dans Ptolemy II n'a, par exemple, qu'un but de simulation de modèle, sans support d'une quelconque concurrence. La programmation par DPN est pourtant axée sur la scalabilité d'exécution, celle-ci faisant actuellement défaut aux MV pour obtenir une véritable portabilité sur les différentes architectures des machines. Nous proposons donc dans cette thèse l'extension des V-ISA de MV à la programmation orientée-acteurs. Le but de cette extension est de tirer parti de la représentation explicite de la concurrence dans un DPN, afin d'adapter l'exécution d'une application au nombre de processeurs inclus dans une machine.

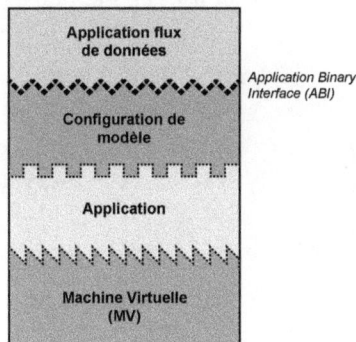

FIGURE 1.30 – Machine virtuelle Universelle (MVU).

La programmation orientée-acteur pour MV peut ainsi se représenter comme une

nouvelle couche de mise en œuvre qui rehausse l'ABI des MV. Nous la représentons
figure 1.30 et nous désignons cet ensemble comme **Machine Virtuelle Universelle**
(MVU). Dans une MVU, la représentation flux de données d'une application est le
bytecode d'une application invitée. La première couche de MV configure le modèle
flux de données pour que son exécution soit adaptée à la fois au nombre de cœurs de
la machine et à la fois à la V-ISA de la MV. Cette application est ensuite exécutée
par une MV conventionnelle qui peut alors exécuter ce modèle selon ses capacités.

Cette nouvelle architecture possède de nombreux avantages qui n'existent ni dans
les MV actuelles ni dans les outils CAL :

- une *scalabilité* d'exécution : l'expression explicite de la concurrence dans un
  modèle flux de données permet d'adapter le traitement parallèle d'une application sur un nombre théoriquement illimité de processeurs,
- une *transparence* d'exécution : une représentation flux de données est unique
  et ne contient aucune information d'architecture et de SE. Ces informations
  sont ajoutées sur la plate-forme hôte durant la configuration de modèle,
- une *sécurité* d'exécution : le modèle DPN est une manière simple et intuitive
  pour garantir la suppression de l'indéterminisme que peut causer l'utilisation
  de threads.

Un point important pour permettre de justifier l'utilisation d'une MVU est d'en
trouver une application concrète. Dans le chapitre suivant, nous introduirons la
norme MPEG RVC dédiée à la représentation flux de données. Cette norme est dotée
d'applications réelles où l'utilisation d'une MVU prend tout son sens. Le chapitre 3
présente les contributions théoriques nécessaires à la réalisation d'une MVU. Enfin,
le chapitre 4 applique ces contributions théoriques sur une MV concrète, permettant
de tester en pratique les gains obtenus par l'utilisation d'une MVU.

Chapitre 2

Un cadre normatif de modélisation flux de données : MPEG RVC

MPEG [1] *Reconfigurable Video Coding* (RVC), développée en 2005, établit un premier cadre normatif à la représentation des modèles flux de données. Son objectif est de fournir un formalisme de spécification de normes MPEG de codage et décodage vidéo, fondé sur les graphes flux de données et sur un dérivé normalisé du langage CAL : le langage RVC-CAL. Ce formalisme permet une représentation massivement parallèle des algorithmes de traitement qui composent un décodeur. Il est donc adapté à une mise en œuvre sur des plates-formes aussi bien logicielles que matérielles. Ce formalisme représente une première approche normative pour notre problématique de MVU. En outre, de nombreuses applications dans le contexte du décodage vidéo sont déjà opérationnelles.

Ce chapitre présente l'environnement de spécification MPEG RVC. La section 2.1 introduit les fonctionnalités et les objectifs de cette norme pour la représentation de décodeurs MPEG. La section 2.2 fait le point sur les applications actuellement disponibles. Enfin, nous introduisons en section 2.3 l'intérêt de l'application d'une MVU dans le contexte MPEG RVC.

2.1 Vers un nouveau processus de normalisation "flux de données" de décodeurs

Le consortium MPEG développe des normes de compression, de décompression, de traitement et de codage de contenu vidéo et audio. Créé en 1988, il a produit cette même année la norme MPEG-1 pour le codage vidéo, puis les normes MPEG-2 en 1994 et MPEG-4 en 1998 permettant des taux de compression plus élevés pour

---

1. Moving Picture Experts Group, groupe de travail de l'ISO et de la CEI

des champs d'application plus larges. L'annexe A présente un bref historique du processus de normalisation et les spécificités des normes vidéo. La multiplication des normes de codage ainsi que leur complexité grandissante ont contribué à rendre leurs descriptions textuelles relativement opaques pour les utilisateurs dans l'industrie. En effet, la mise en œuvre conforme de décodeurs à ces normes requiert des experts du domaine MPEG et des temps de développement de plus en plus longs, freinant l'adoption de nouvelles technologies normatives.

Dans le même temps, l'usage du multimédia a considérablement évolué. L'essor de la communication numérique (*e.g.* la télévision numérique) et l'arrivée de nouveaux terminaux multimédia (*e.g.* le Smartphone) ont étendu les applications de la représentation numérique de contenu multimédia. Le marché du multimédia est devenu hautement concurrentiel et de nombreux acteurs développent leurs propres technologies comme solutions "alternatives" à celle de MPEG. Par ailleurs, les terminaux multimédias doivent désormais supporter de nombreux formats de compression et être capables de suivre les évolutions technologiques afin de ne pas retomber trop rapidement en obsolescence.

Conscient de ces nouveaux défis, le groupe MPEG fait évoluer son approche de la normalisation. Il s'agit tout d'abord du développement de normes de codage libres de droit, capables de concurrencer des formats ouverts (*e.g. Theora* de Xiph.org ou *VP8* annoncé par Google). Cette évolution passe également par la réorganisation des outils normalisés au sein des normes MPEG-1, 2 et 4 vers des normes MPEG-A (*MultiMedia Application Formats*), MPEG-B (*Systems Technologies*), MPEG-C (*Video Technologies*), MPEG-D (*MPEG Audio Technologies*), MPEG-E (*MultiMedia Middleware*), MPEG-H (*High Efficiency Video Coding*), MPEG-M (*eXtensible Middleware*), MPEG-U (*Rich Media User Interface*), MPEG-V (*Information Exchange with Virtual Worlds*). Ces dernières fournissent des solutions clé-en-main pour mieux cibler les besoins des industriels. MPEG *Reconfigurable Video Coding* (RVC), normalisée au sein de MPEG-B partie 4 [ISO09] et MPEG-C partie 4 [ISO08c], s'inscrit dans cette nouvelle philosophie de normalisation.

2.1.1   La norme MPEG RVC : fonctionnalités

MPEG RVC, lancée en 2005, est un nouveau formalisme normatif de spécification de décodeurs vidéo. Son but est de définir "un nouveau kit de composants logiciels pour le développement, la mise en œuvre et l'adoption de solutions de codage vidéo favorisant la flexibilité et la réutilisation" [MAR10]. La figure 2.1 schématise les objectifs de MPEG RVC. MPEG RVC vise à remplacer les actuels logiciels de référence décrits en *C* ou *HDL* par des représentations abstraites (*Abstract Decoder Model* ou ADM). Rappelons que les logiciels de référence ont été initialement adjoints aux normes MPEG-2 et MPEG-4 pour permettre de tester la conformité de différentes implantations logicielles. Ces logiciels de référence sont progressivement devenus pour les industriels un point de départ au développement propriétaire d'un décodeur conforme aux spécifications MPEG.

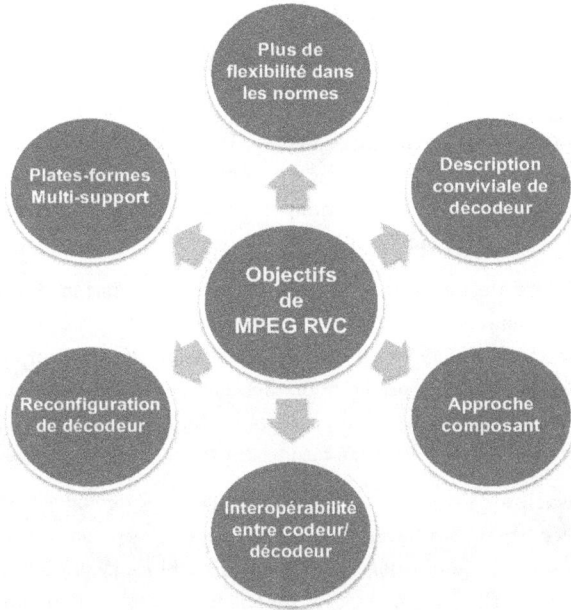

FIGURE 2.1 – Objectifs de MPEG RVC.

Toutefois, un logiciel de référence MPEG se présente sous forme d'un code monolithique C difficilement lisible, de taille importante et composé de modules logiciels non-optimisés. Nous avons vu dans le chapitre précédent que le potentiel de parallélisation des algorithmes de codage vidéo est non exploité par la séquentialité d'un tel langage de programmation. La norme MPEG-4[2] présente des optimisations de différentes parties de norme, mais de manière atomique. Ces logiciels de référence sont également inadaptés à la mise en œuvre sur des solutions matérielles.

MPEG RVC est un formalisme de spécification de décodeur par *composition d'outils* utilisé comme support à la normalisation *par partie* de MPEG. L'objectif de MPEG RVC est de concevoir des décodeurs à partir de spécifications à un plus haut niveau d'abstraction, fondées sur les principes de modélisation flux de données. Un

---

2. MPEG-4 partie 7, voir annexe A

ADM dans MPEG RVC est donc une modélisation de décodeur de cette combinaison par graphe de flux de données. Les sommets représentent les algorithmes de décodage et les arcs les dépendances de données entre les sommets. Les acteurs composant les sommets de ce graphe sont des représentations conformes aux opérations d'un modèle DPN. Ils représentent l'instanciation d'un outil de codage (les *unités fonctionnelles* ou FU), sélectionné parmi une bibliothèque d'outils normalisés (*Video Tool Library* ou VTL). Les avantages [MAR10] d'une représentation par ADM sont de quatre ordres :

1. **Programmation par langage dédié** : Une programmation suivant un modèle flux de données permet aux développeurs de codeurs/décodeurs de se focaliser sur les algorithmes de compression plutôt que sur les détails de mise en œuvre bas-niveau sur une plate-forme.

2. **Granularité de parallélisme** : La programmation par modèle flux de données permet une exploitation aisée du parallélisme dans les programmes. Une configuration de décodeur dite "abstraite" met donc l'accent sur l'aspect transformationnel de cette représentation. Son but est de fournir un grand nombre d'informations sur les propriétés de l'application qui seront par la suite sélectionnées en fonction de la plate-forme cible.

3. **Réutilisation** : Un grand nombre de technologies de codage est commun à plusieurs normes. Ces technologies, bien que similaires, sont bien souvent redéfinies dans chaque standard. Par l'ajout au fil de l'eau d'outils de codage normalisé, MPEG RVC permet de simplifier l'évolution d'une norme sans reprendre une normalisation dans son ensemble.

4. **Modularité** : L'intégration de nouveaux outils de codage plus efficaces au sein d'un décodeur est simplifiée par la forte encapsulation des outils de codage d'une description. Une représentation sous la forme de diagramme flux de données permet aux configurations de décodeur d'être modulaires et de favoriser la reconfiguration par la simple modification de la topologie de son réseau.

Une spécification qui prône la modularité, la convivialité, la concurrence et la réutilisation est un bien meilleur point de départ à la fois pour accélérer l'adoption et la normalisation de nouvelles technologies et pour faciliter le processus de développement d'un décodeur. MPEG RVC fournit un ensemble de solutions clé-en-main pour la mise en œuvre de décodeurs au sein de plates-formes favorisant le support de multiples normes de codage, réduisant les temps de développement et facilitant l'évolution des terminaux aux futures technologies.

2.1.2   Structure de la norme MPEG RVC

D'un point de vue technique, MPEG RVC (figure 2.2) se présente sous la forme d'une bibliothèque d'outils de codage, d'un langage de description de décodeur et du langage de description de la syntaxe de flux binaire (*bitstream*) (*Bitstream Syntax Description Language* ou BSDL). Nous nous concentrons sur les aspects de cette norme ayant trait à la modélisation par graphe flux de donnée. Le langage de description de flux binaire sortant de ce cadre, la présentation du BSDL est portée en annexe B

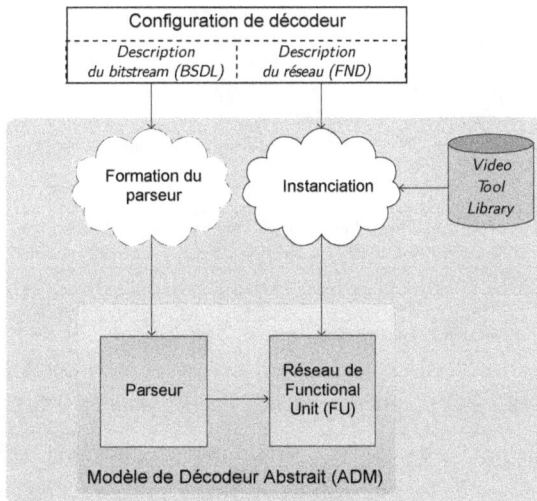

FIGURE 2.2 – Structure de la norme MPEG RVC.

La bibliothèque d'outils de codage

La bibliothèque d'outils de codage, appelée *Video Tool Library* (VTL), est en cours de normalisation dans le cadre de MPEG-C partie 4 [ISO08c]. Elle a pour but de fournir un ensemble d'outils de codage vidéo, les FUs, normalisés par MPEG.

Une FU est spécifiée par une description textuelle normalisée (figure 2.1) et par une description de référence en RVC-CAL, dont les spécificités sont données dans le chapitre suivant. Une FU est identifiée dans la VTL par son nom. Le nom d'une FU précise les fonctionnalités suivantes :

– Le **rôle** d'une FU spécifie son utilité dans une configuration de décodeur comme outil de codage (Algo) ou comme outil de gestion (MGNT).

- L'**identifiant** décrit l'action réalisée ou, dans le cas d'un outil de codage, le nom de l'algorithme normalisé au sein de MPEG.
- Les informations de **propriétés** et de **tailles** sont optionnelles et présentent des informations sur le type de données à traiter comme la luminance ou la taille de bloc de données.
- Le **standard**, s'il existe, indique à quelle norme une FU se réfère.
- La **version** indique le nombre de révisions appliqué à cette FU.

FU Name	Identifie une FU selon la convention : $role\_identifiant\_proprits\_taille\_standard\_version.$	
Description	Description textuelle de la fonctionnalité d'une FU comprenant éventuellement un algorithme décrivant l'opération à réaliser. Cette description doit être succincte, une description plus précise du comportement de cette FU étant donnée dans un code de référence RVC-CAL en amendement de MPEG-C.	
Profiles@levels	Le ou les profils et niveaux auxquels cette FU peut être appliquée.	
Input/Ouput		
Name	Token	
Nom de l'entrée/sortie	Fournit l'identifiant du type de données entrant et sortant de la FU. Cette identifiant se réfère à une liste de type donnée en tableau 3 de MPEG-C.	
Parameter (optional)		
Name	Description	Range
Identifiant du paramètre	Impact du paramètre sur le comportement d'une FU.	Gamme de valeurs du paramètre.

TABLEAU 2.1 – Description textuelle d'une FU dans MPEG-C partie 4.

A titre d'exemple, la FU nommée "Algo_IDCT2D_ISOIEC_23002_1" représente la DCT inverse de la norme MPEG-4 part 2 "*Simple Profile*", normalisée au sein de ISO/IEC FDIS 23002-2 [ISO08b]. Sa description dans MPEG-C est fournie en tableau 2.2. Cette FU est composée d'une entrée X et d'une sortie Y, toutes deux associés à un identifiant *Block*. Il indique que la transformation par DCT de cette FU s'applique à un bloc de 8x8 pixels.

La mise en œuvre des FUs à partir des spécifications textuelles n'est pas normative. Les FUs peuvent être implantées sous forme logicielle, matérielle ou bien sous forme de composant ("boîte noire") pourvu qu'elles restent conformes aux spécifications MPEG-C (*e.g.* même entrées/même sorties). La description des FUs sous forme de logiciel de référence est écrite à l'aide du langage d'acteur RVC-CAL.

Le langage de référence RVC-CAL

Le langage d'acteur RVC-CAL est normalisé en annexe D de la norme MPEG-B partie 4 [ISO09], comme sous-ensemble du langage CAL. Il est utilisé comme langage de référence dans MPEG RVC pour la description de FUs normalisées.

FU Name	Algo_IDCT2D_ISOIEC_23002_1	
Description	This module computes the 8x8 Inverse Discrete Cosine Transform (IDCT) defined as $$f(x,y) = \frac{2}{N} \sum_{u=0}^{N-1} \sum_{v=0}^{N-1} C(u)C(v)F(u,v)\cos\frac{(2x+1)u\pi}{2N}\cos\frac{(2y+1)v\pi}{2N}$$ with $u,v,x,y = 0,1,2,...,N-1$ where x,y are spatial coordinates in the sample domain u,v are coordinates in the transform domain $C(u), C(V) = \frac{1}{\sqrt{2}}$ for $u,v = 0$ otherwise it inputs a list of 64 coefficients and outputs a list of 64 decoded coefficients.	
Profiles@levels supported	Mpeg-4 Simple Profile	
Input		
Name	Token	
X	BLOCK token	
Output		
Name	Token	
Y	BLOCK token	
Parameter		
Name	Description	Range

TABLEAU 2.2 – Description textuelle de la DCT inverse dans MPEG-C partie 4.

La restriction de RVC-CAL à une sous-partie de CAL vise à l'optimisation des mises en œuvre flux de données. Il faut que RVC-CAL conserve le haut niveau d'abstraction propre au langage CAL. RVC-CAL réduit cependant l'expressivité sur les types, les opérateurs et sur les fonctionnalités non-exploitables sur plates-formes matérielles. Le typage RVC-CAL est limité aux types primitifs (**bool**, **int**, **uint**) et étendus (**List**, **String**). Chaque taille de type doit être définie par une valeur **size**. Chaque liste indique la taille de ces éléments ainsi que le nombre d'éléments qu'elle contient. Une représentation RVC-CAL garantit donc une génération de codes ayant des comportements similaires sur plates-formes logicielles et matérielles.

```
native procedure displayPicture(
   uint(size=8) Y[MAX_WIDTH*MAX_HEIGHT],
   uint(size=8) U[MAX_WIDTH*MAX_HEIGHT],
   uint(size=8) V[MAX_WIDTH*MAX_HEIGHT],
   int(size=16) Width, int(size=16) Size)
end
```

FIGURE 2.3 – Procédure native pour l'affichage d'image en RVC-CAL.

RVC-CAL dispose de fonctionnalités en cours de normalisation dans MPEG-B partie 4, destinées à faciliter la description de FU. Ces extensions sont les suivantes :

1. *Les packages* : peuvent être optionnellement associés à la déclaration d'un

acteur pour sa définition dans un ensemble structuré d'acteurs. Les packages sont utilisés dans MPEG RVC pour désigner une liste de profils de décodeur auxquels une FU peut être appliquée.

2. *Les procédures natives* : permettent l'interaction de programmes générés depuis un modèle RVC-CAL avec d'autres programmes. Ce sont des interfaces de programmation (*Application Programming Interfaces* ou APIs) fournies sous la forme d'un ensemble de procédures RVC-CAL sans effet de bords qui communiquent avec des bibliothèques logicielles ou matérielles. Ces procédures sont généralement utilisées lors de la lecture de fichier ou lors de l'affichage d'une image. La figure 2.3 est un exemple de procédure native pour l'affichage d'une image de largeur *Width* et de taille *Size* sous la forme luminance (Y) et chrominance (U, V).

3. *Les Units* : sont une collection de fonctions RVC-CAL sans effet de bords utilisée au travers de plusieurs FUs. Leur importation se réalise en début de code source, à la manière des *imports* en Java, pour être ensuite utilisée dans les actions d'un acteur.

```
package MPEG.Common;
import std.util.Math.*;

actor Algo_Add(int(size=10) Min, int(size=10) Max)
  int(size=9) X, int(size=9) Y ==> int(size=10) Z :

    action X:[x], Y:[y] ==>
        Z:[clip_i32(x+y , Min, Max)]
    end
end
```

FIGURE 2.4 – Acteur Algo_Add normalisé dans MPEG-C.

La figure 2.4 représente le code source RVC-CAL de l'acteur *Algo_Add* normalisé dans MPEG-C. Il est composé successivement de sa déclaration dans un package (*MPEG.Common*), d'un import d'une collection de Units (*std.util.Math.**) et du prototype de l'acteur avec ses entrées, sorties et paramètres typés. L'acteur Algo_Add est composé d'une action réalisant l'ajout de x et de y provenant de ses entrées X et Y vers sa sortie Z. Cette addition est écrêtée sur une échelle de valeurs *Min* et *Max* par l'appel de la fonction *clip_i32*. Cette fonction est déclarée dans une *unit* du package *std.util.Math*.

Description de décodeur

Un ADM représente une mise en œuvre d'un profil de décodeur par l'instanciation des FUs dans un graphe flux de données. A un ADM correspond donc une *configuration de décodeur* de caractéristique *profil@level* définie dans une norme MPEG. L'interconnexion entre les différents outils de codage est représentée sous la forme d'un graphe orienté par une FU Network Description (FND). Une FND est une description en langage XDF (*Xml Dataflow Format*), normalisé en annexe A de la norme MPEG-B partie 4 [ISO09]. Elle forme un réseau de descriptions de ports d'entrées / sorties de FU, et des connexions entre ces ports. Le réseau peut également disposer de ports d'entrées / sorties pour être connecté au sein d'autres réseaux, formant ainsi une description hiérarchique.

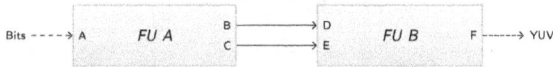

FIGURE 2.5 – Configuration de décodeur RVC.

La figure 2.5 est une représentation d'une configuration de décodeur selon les principes définis par la norme MPEG-B partie 4. La représentation équivalente de ce réseau sous forme XDF est fournie dans le tableau 2.3. Une configuration de décodeur est un graphe orienté où les sommets sont des instances d'acteurs (*Instance*) sélectionnées parmi une liste de FU (*Class*). Une instance est définie par son attribut *id* et un acteur par son attribut *name* selon les spécifications de MPEG-C partie 4 [ISO08c]. Une instance peut optionnellement assigner les paramètres d'une FU.

Une FND définit trois types d'arc de connexion : entre (1) instances (*Connection*), (2) une entrée de décodeur et une entrée de FU (*input*), (3) une sortie de FU et une sortie de décodeur (*output*). La source (*src-port*) et la destination (*dst-port*) d'un arc peuvent être indifféremment un port de réseau ou un port d'instance (*src/dst*).

Instances	`<Instance id="FU␣A">`
	`    <Class name="Algo_Example1"/>`
	`</Instance>`
	`<Instance id="FU␣B">`
	`    <Class name="Algo_Example2"/>`
	`</Instance>`

Connections	`<Connection src="FU␣A" src-port="B" dst="FU␣B" dst-port="D"/>` `<Connection src="FU␣A" src-port="C" dst="FU␣B" dst-port="E"/>`
Entrée	`<input src="FU␣A" src-port="A"/>`
Sortie	`<output src="FU␣B" src-port="F"/>`

TABLEAU 2.3 – Description XDF d'une configuration.

La norme MPEG-B partie 4 n'impose pas l'utilisation de FUs normalisées dans MPEG-C partie 4. Des FUs non-normatives, dites *propriétaires*, peuvent être intégrées à une description MPEG-B partie 4, dès lors que leurs principes d'exécution restent conformes aux principes d'un acteur flux de données (encapsulation de données, règles de tirs). La figure 2.6 est un exemple d'utilisation de configuration de décodeur selon les principes établis par MPEG-B partie 4. Le décodeur de type 1 est à la fois conforme à MPEG-B partie 4 et à MPEG-C partie 4 par l'utilisation de FUs provenant uniquement de la VTL normalisée dans MPEG-C partie 4. Les décodeurs type 2 et 3 sont uniquement conformes à MPEG-B partie 4 par l'utilisation d'outils propriétaires (VTL 1-n).

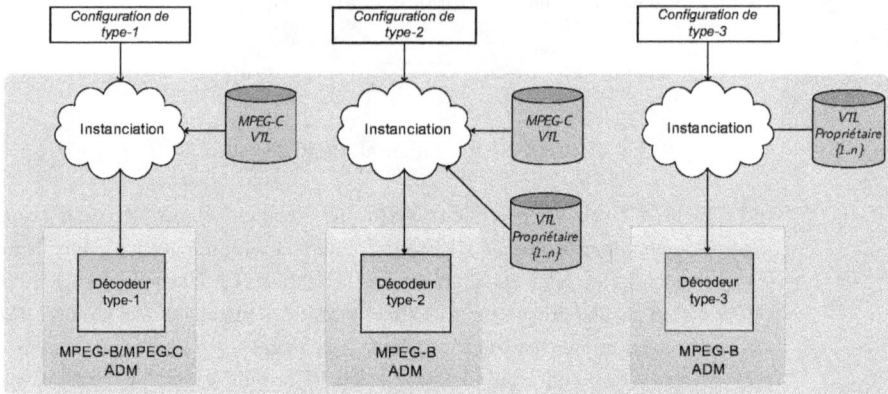

FIGURE 2.6 – Exemple d'utilisation de la norme MPEG-B.

2.2 Les solutions technologiques de MPEG RVC

La norme MPEG RVC permet de définir une nouvelle approche graduelle de normalisation au gré des normalisations des nouveaux outils dans la norme MPEG-C partie 4. Nous illustrons cette évolution de la norme en figure 2.7. Cette figure permet également de placer les étapes de contribution de cette thèse.

Un point important du langage RVC-CAL est que son paradigme correspond à un sous-ensemble de MPEG RVC. Les outils présentés section 1.4 sont donc également compatibles avec une représentation de décodeur conforme à la norme MPEG-B partie 4. Par l'utilisation de ces outils, une description RVC de décodeur peut être interprétée [BBJ+08], traduite en description VHDL [JMP+08] ou traduite sous forme de programme C [RWR+08]

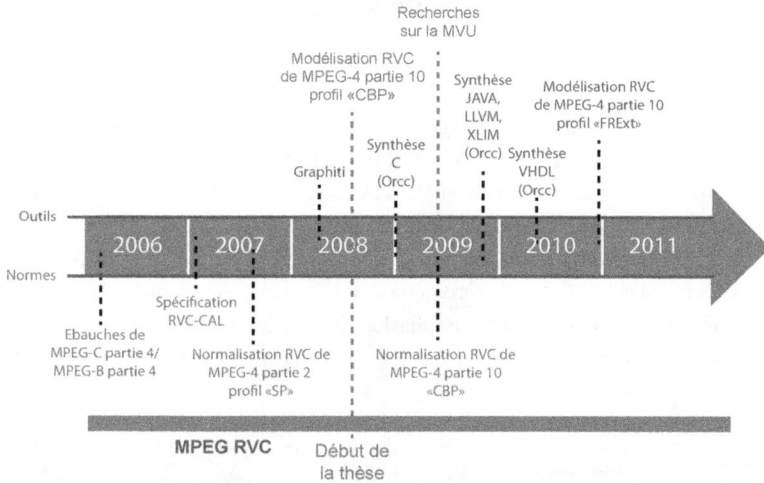

FIGURE 2.7 – Historique de MPEG RVC.

A son stade actuel (2011), la norme MPEG-C partie 4 ne couvre qu'une singulière partie de la norme MPEG-4 partie 2, le *Simple Profile* (MPEG-4 SP), et sa partie 10, le *Constrained Baseline Profile* (MPEG-4 AVC CBP). L'outil de référence dans MPEG RVC, pour la synthèse de représentation de décodeur RVC vers des mises en œuvre concrètes de décodeur sur plate-forme réelle, se nomme Open RVC-CAL Compiler (Orcc). Les configurations produites à partir des FUs normalisées dans MPEG-C partie 4 permettent de valider la synthèse de cet outil. Dans notre problématique de MVU, ces configurations permettent également d'obtenir plusieurs applications réelles pour tester son application et comparer les performances avec des mises en œuvre compilées statiquement. Nous présentons donc dans cette section une première contribution, à savoir la modélisation d'une configuration de décodeur MPEG-4 partie 10 par l'assemblage des outils correspondant dans MPEG-C partie 4.

Il est important de noter qu'une représentation sous forme d'ADM ne se limite pas au décodage vidéo. La norme MPEG RVC s'étend au domaine audio par la création d'une nouvelle norme *Reconfigurable Audio Coding* (RAC) [AEH+00] et au domaine de la 3D par la création de la norme Reconfigurable Graphic Coding (RGC) [AEH+00]. D'autres applications de compression de données brutes (GZIP), de compression d'images fixes (JPEG) ou la cryptographie(CTL) sont également distribuées sous licence libre[3].

2.2.1 L'environnement de développement Open RVC-CAL Compiler

L'environnement de développement *Open RVC-CAL Compiler* (Orcc) est un *Environnement de Développement Intégré*(IDE) pour la création, l'édition, la transformation, l'analyse et le débogage d'ADM. Il regroupe un éditeur de réseau XDF fondé sur Graphiti[4], un éditeur d'acteurs RVC-CAL fondé sur XText [EV06], ainsi qu'un compilateur et des outils d'analyse pour les ADM.

Le compilateur intégré à Orcc fut créé à la suite des travaux réalisés sur le compilateur Cal2C [RWR+08]. Orcc étend les concepts développés dans CAL2C pour créer un environnement de compilation dédié à MPEG RVC et à son langage RVC-CAL, vers des représentations logicielles (Java, C++, C) et matérielles (VHDL, TTA) de décodeurs [BSR11, SNR11].

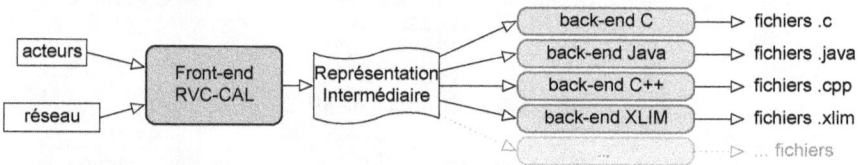

FIGURE 2.8 – Infrastructure du compilateur d'Orcc.

Le compilateur de l'environnement de développement Orcc se construit autour d'une RI spécifique au langage RVC-CAL. La figure 2.8 illustre les *back-ends* disponible dans Orcc. Contrairement à OpenDF et à sa RI XLIM, la RI utilisée dans Orcc est conservatrice en termes de structure et de sémantique sur l'acteur RVC-CAL originel. Cette RI conserve donc une structure sous forme d'actions et de contrôle sur les actions. Le corps des actions est cependant décomposé sous forme d'instructions *load* et *store* et sous forme *Static Single Assignment* (SSA), facilitant la transformation vers d'autres langages [RWZ88]. Les choix de conception de cette RI sont discutés dans [Wip10]. Un backend XLIM permet également la génération d'une RI XLIM à partir de la RI d'Orcc afin d'être compatible avec les outils OpenForge et XLIM2C.

Orcc est en outre complété d'un interpréteur de RI permettant la simulation et le débogage d'ADM RVC. Cet interpréteur constitue la base des méthodes de

---

3. Ces applications sont disponibles à l'adresse : http ://orc-apps.sourceforge.net/

4. Plus d'information sur le projet graphiti sont disponibles sur le site : http ://graphiti-editor.sf.net

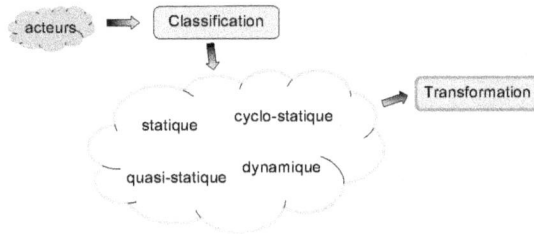

FIGURE 2.9 – Classification d'acteurs pour leurs transformations.

classification d'acteurs RVC-CAL présentées dans [WR10]. Ces méthodes de classification (figure 2.9) restreignent les modèles d'exécution des acteurs RVC-CAL dans les MoCs présentés en chapitre 1. La classification permet la sélection de méthodes d'optimisations et de transformations spécifiques à un modèle donné selon le comportement d'un acteur classifié et la génération de code cible [WR10].

2.2.2   MPEG-4 Partie 2 "Simple Profile"

Les FUs normalisées dans MPEG-C partie 4 provenant de la norme MPEG-4 partie 2 "Simple Profile" ont permis la création de trois configurations distinctes. La première est une mise en œuvre de référence normalisée par MPEG et n'utilisant donc que des FUs normalisées dans MPEG-C partie 4. Les deux autres configurations sont des mises en œuvres propriétaires : l'une réalisée par Xilinx et optimisée pour une génération matérielle de code, l'autre réalisée dans le cadre du projet ACTORS [5] et optimisée pour une génération logicielle de code.

La configuration développée par Xilinx a été créée afin de prouver l'intérêt d'une modélisation RVC-CAL alliée à une génération de code OpenForge [JMP+11]. Son développement a été réalisé quatre fois plus rapidement qu'un décodeur entièrement écrit à la main en VHDL. Par ailleurs, le code synthétisé par OpenForge surpasse les générateurs HDL commerciaux avec des performances en décodage 1,6 plus rapide qu'une description Register Transfer Level (RTL) tout en occupant 20% moins de taille de programme sur un FPGA.

La configuration développée par Ericsson est une version optimisée de la configuration de référence MPEG. C'est une application de référence pour une synthèse logicielle optimale par le générateur XLIM2C [vP10]. Les optimisations de cette application concernent notamment le parallélisme de l'application par la séparation

---

5. Site du projet ACTORS : http ://www.actors-project.eu

du décodage sur trois composantes (chrominance/luminance) et la réduction des goulots d'étranglement sur les algorithmes de Cosinus Discret Inverse (IDCT). On trouve des études exhaustives appliquées à ces configurations pour la synthèse logicielle [RWR+08, WRN09] et matérielle [JMP+11, SSNR10, JMP+08, TMDM09], pour l'application de techniques d'ordonnancement [BSL+08, BLL+11], pour une exécution en multi-cœur [GJB+09, BGS+09], d'analyse de régions statiques [GJRB11] ou une génération partielle de son parseur depuis une représentation BSD [LDL+08].

Structure générale du décodeur de référence MPEG

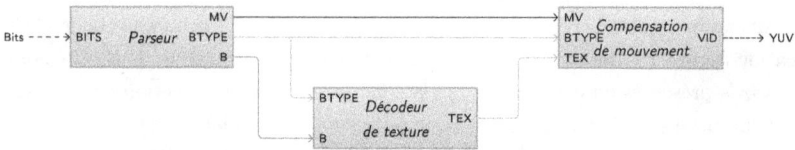

FIGURE 2.10 – Schéma synoptique du décodeur MPEG-4 Simple Profile.

La configuration étudiée ici est la mise en œuvre de référence tirée de l'annexe B de la norme MPEG-C partie 4 [ISO08c]. Nous divisons cette description en plusieurs niveaux de hiérarchie, représentant chacune des fonctionnalités de ce décodeur. La figure 2.10 est le sommet de cette hiérarchie. Cette vue est synoptique car elle regroupe un réseau d'acteurs en un seul acteur et un ensemble de données en une seule représentation de port (MV, $BTYPE$, B et TEX). Chaque acteur de ce réseau représente donc un autre réseau d'acteurs à un niveau de hiérarchie inférieur.

Le réseau *parseur* permet l'extraction des informations nécessaires au décodage d'une séquence depuis un flux binaire codé. Il réalise la lecture dans le flux, le décodage entropique et l'extraction des informations vers les acteurs *texture decoder* et *motion compensation*. Le réseau décodage de texture permet de décoder les résidus B d'une prédiction spatiale ou temporelle, définie selon les informations de $BTYPE$. Le réseau compensation de mouvement permet la réalisation d'une prédiction temporelle d'après un vecteur de mouvement MV issu du parseur et de l'erreur de prédiction TEX issue du décodeur de texture.

L'information de $BTYPE$ regroupe les jetons de données normalisées dans MPEG-C partie 4 [ISO08c] sous le nom d'$ACODED$, $ACPRED$, $MOTION$, $VOPMODE$ et $QUANT$. L'entrée de ce réseau est modélisée par l'entrée IN. L'image résultant du processus de décodage est produite sur la sortie YUV.

Le réseau de décodage de texture

Le réseau de décodage de la texture est illustré sur la figure 2.11. Il contient un sous-réseau et cinq acteurs. Le réseau *DCR* permet la reconstruction des coefficients DC. L'acteur *DC split* sépare le coefficient DC des coefficients AC d'un bloc. L'acteur *IS* réalise le scan inverse des coefficients AC d'après la direction (scan horizontal, vertical ou zigzag) fournie par le réseau *DCR*. Ensuite l'acteur *IAP* réalise la prédiction inverse des coefficients AC. L'acteur *IQ* réalise la quantification inverse des blocs 8 × 8 entrants (un coefficient DC et 63 coefficients AC) d'après le coefficient de quantification fourni par le réseau *DCR*. Finalement, l'acteur *IDCT* réalise la transformée en cosinus discret (DCT) inverse des échantillons déquantifiés. Cette algorithme de DCT inverse est commune à plusieurs standards MPEG (MPEG-1, MPEG-2).

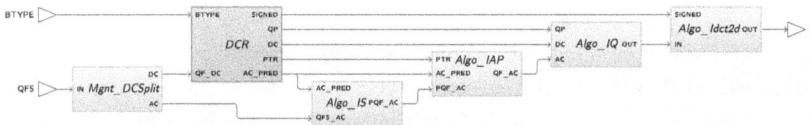

FIGURE 2.11 – Décodage de la texture.

Le réseau de compensation de mouvement

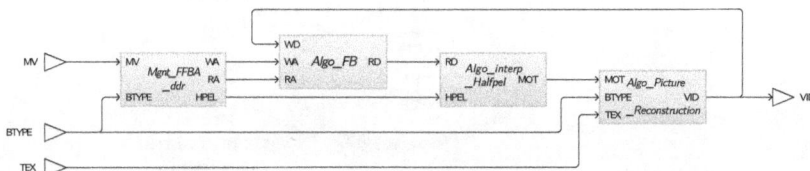

FIGURE 2.12 – Compensation de mouvement.

Le réseau de la compensation de mouvement (figure 2.12) est composé de quatre acteurs et travaille avec une précision au demi-pixel. Il combine l'erreur de prédiction issue du décodeur de la texture à l'image de référence stockée sur l'arc entre les acteurs *Algo_ Picture_ Reconstruction* et *Algo_ FB* en utilisant l'information sur le mouvement contenue dans le vecteur de mouvement. Un vecteur de mouvement est reçu pour chaque bloc 8 × 8.

2.2.3   MPEG-4 Partie 10 "Constrained Baseline Profile"

Le développement de l'ADM correspondant au profil Constrained Baseline (*Constrained Baseline Profile ou CBP*) de la norme MPEG-4 partie 10 est le fruit d'une collaboration entre l'IETR de l'INSA, le laboratoire ARTEMIS de Telecom SudParis et Mitsubishi Electric. Le profil CBP est un sous-ensemble commun, illustré en figure 2.13, entre les profils Baseline, Main et Fidelity Range EXTension (FREXT). Ma contribution au sein de ce développement est la création d'un réseau de décodeur utilisant l'ensemble des outils de codages CBP normalisé dans MPEG-C partie 4.

Ce réseau est créé de manière modulaire afin d'exploiter au maximum les possibilités de reconfiguration de MPEG RVC. Ainsi, le passage d'un profil de décodeur à un autre doit avoir un impact mineur sur la topologie de ce réseau. Les prémices de développement du profil FREXt de la norme AVC permettent de valider cette approche. Le passage d'un profil CBP à FREXT ne nécessite ainsi qu'un apport d'outils de codage de profil, sans modification majeure du réseau. L'ADM CBP est à l'heure actuelle supporté uniquement par l'environnement de développement Orcc. Sa synthèse n'est disponible qu'en C, soit en passant par le backend Orcc associé, soit en passant par le backend XLIM puis l'outil XLIM2C.

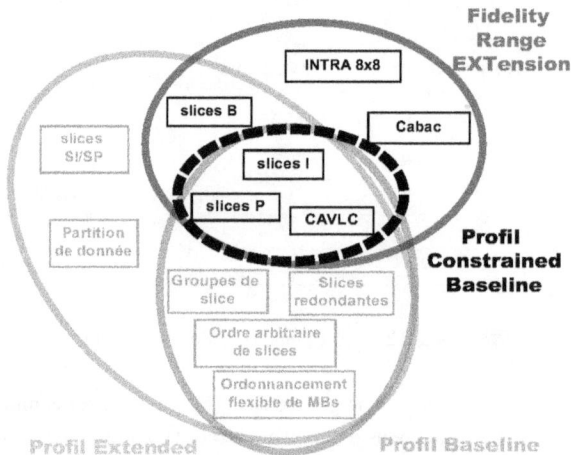

FIGURE 2.13 – Profils de la norme MPEG-4 partie 10.

Structure générale de la mise en œuvre

Le réseau CBP s'inspire des travaux effectués sur les configurations de décodeur MPEG-4 SP présentées dans la section précédente. Il est élaboré de manière à exprimer un maximum de parallélisme et de modularité entre les différentes tâches du processus de décodage. La figure 2.14 représente le schéma synoptique de la vue hiérarchique supérieure du réseau. Il comprend cinq blocs principaux représentant des réseaux d'acteurs : un parseur, un décodeur de la luminance d'une image (Y), deux décodeurs de chrominances (C_b/C_r) et un acteur réalisant la fusion entre les composantes couleurs ($Merger$).

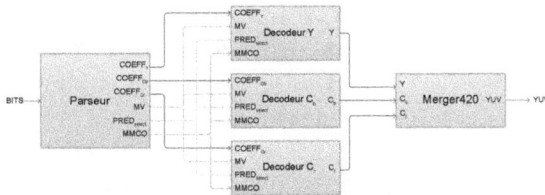

FIGURE 2.14 – Vue générale du décodeur MPEG-4 Advanced Video Coding.

Le réseau parseur possède un fonctionnement équivalent au parseur décrit dans la section précédente. Il réalise la lecture dans le flux par extraction d'unités Network Abstraction Layer (NAL), le décodage entropique (CABAC ou CAVLC) et l'extraction des informations vers les acteurs de décodages des composantes couleurs. Les fonctionnalités de chacune de ces fonctionnalités sont détaillées dans [WSBL03]. Les informations transmises par le parseur sont regroupées en quatre catégories : les coefficients des résidus des composantes couleurs ($COEF_Y$, $COEF_{C_b}$, $COEF_{C_r}$), le vecteur de compensation de mouvement (MV), le mode de prédiction ($PRED_{select}$) et le gestionnaire de contrôle de mémoire ($MMCO$).

Le décodage AVC d'une composante luminance/chrominance ne nécessite aucun partage de données avec les autres composantes luminance/chrominance. Elles sont donc séparées en trois réseaux d'acteurs distincts, afin d'expliciter cette concurrence. Chacun de ces réseaux possède une structure interne équivalente décomposée en trois fonctionnalités : le réseau de prédiction spatiale et temporelle, le réseau de transformée inverse des coefficients de résidu et le réseau de construction et de stockage des images.

Le réseau de prédiction

La norme MPEG-4 partie 10 possède de nombreux modes de prédiction spatiale ou temporelle selon le profil utilisé. Dans le cas du profil CBP, il existe deux

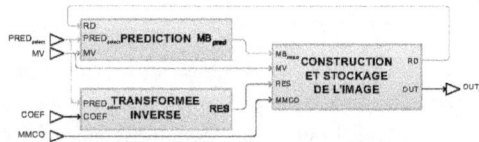

FIGURE 2.15 – Décodage des composantes luminance/chrominance.

modes de prédiction spatiale et un mode de prédiction temporelle : la prédiction spatiale $INTRA\_4X4$, la prédiction spatiale $INTRA\_16x16$ et le mode de prédiction temporelle $INTER\_P$. Le passage à un profil supérieur FREXT nécessite l'ajout des modes de prédiction spatiale $INTRA\_8x8$ et le mode de prédiction temporelle $INTER\_B$. Un point important du réseau de prédiction AVC est donc d'obtenir une structure modulaire permettant aisément l'ajout et le retrait de modes de prédiction.

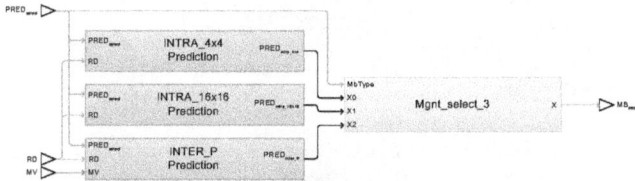

FIGURE 2.16 – Prédictions du décodeur MPEG-4 Advanced Video Coding.

La figure 2.16 illustre l'organisation de ces modes de prédiction. L'entrée $PRED_{select}$ agit comme un déclencheur sur les trois réseaux de prédiction ($INTRA\_4X4$, $INTRA\_16x16$ et $INTER\_P$). L'acteur $Mgnt\_select\_3$ sélectionne les données parmi l'une de ces entrées ($X0$, $X1$, $X2$) et les transmet sur sa sortie X selon la valeur de Mb_Type. L'entrée RD transmet les valeurs de pixels précédemment décodées d'une prédiction spatiale ou temporelle. Dans une prédiction spatiale, ces valeurs permettent l'extrapolation des pixels du bloc courant, de taille 4×4 pour une prédiction $INTRA\_4X4$ et 16×16 pour une prédiction $INTRA\_16X16$, selon une direction et selon la valeur de pixel se trouvant sur les bords du bloc courant. Dans une prédiction temporelle, elle transmet les valeurs des pixels d'une région prise sur une image de référence.

Transformée inverse

La structure du réseau transformée inverse du résidu de prédiction AVC est similaire au réseau de décodage de texture de MPEG-4 SP. Cependant, cette transformée est ici exacte et s'applique sur des blocs de taille 4×4. Le passage d'un profil à un

autre ne doit pas impacter ce réseau. La figure 2.17 détaille les différentes étapes de
décodage du résidu de prédiction.

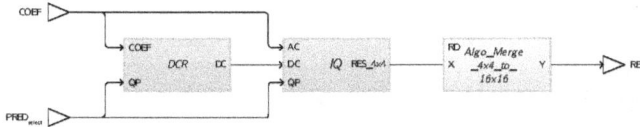

FIGURE 2.17 – Décodage du résidu d'une prédiction AVC.

Le réseau *DCR* permet la reconstruction des coefficients DC vers le réseau de
quantification inverse. Le réseau de quantification inverse *IQ* réalise l'opération de
balayage par zigzag et la graduation (*scaling*) inverse. Ces opérations sont détaillées
dans [MHKK03]. Les coefficients des résidus sont ensuite décorrélés par l'application
d'une série de transformées matricielles. Finalement, les blocs 4×4 sont reconstruits
en macro-blocs 16×16 par *Algo_Merge_4x4_to_16x16*.

Construction et stockage de l'image

Le réseau de construction et de stockage d'images se décompose en trois fonctionnalités : un additionneur, un filtre supprimant les effets de bloc, une mémoire
de stockage pour les images décodées et une mémoire tampon pour la régulation
des images de sortie. Chaque composante *YUV* possède donc indépendamment leur
propre mémoire de stockage.

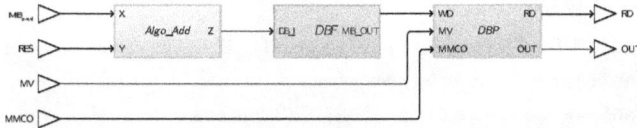

FIGURE 2.18 – Construction et stockage d'une image.

L'image d'une vidéo est reconstruite par l'addition d'une prédiction et du résidu
(*Algo_Add*). La mémoire de stockage (*Decoded Picture Buffer* ou *DPB*) permet de
sauvegarder les images décodées pour sa réutilisation postérieure lors d'une prédiction *inter*. Elle joue également le rôle de tampon et de réorganisateur des images
décodées en sortie du réseau selon les informations de Memory Management Control
Operations (MMCO) en entrée. Le filtre supprime les effets de blocs (*Deblocking Fil-
ter* ou *DBF*) pour réduire les artefacts caractéristiques du codage par bloc.

Complexité du décodeur et développement futur

Le développement du profil *CBP* de la norme MPEG-4 partie 10 s'est déroulé sur huit mois. Six mois ont suffi pour obtenir une première version fonctionnelle de ce décodeur capable de décoder un grand nombre de séquence de validation MPEG. Nous illustrons tableau 2.4 une comparaison entre la mise en œuvre de référence de la norme MPEG-4 partie 2 SP et notre développement en ligne de code source (*Source Lines Of Code* ou SLOC). Ces résultats montrent que le décodeur AVC est deux fois plus complexe que la mise en œuvre de référence de MPEG-4 SP.

	Acteurs	Parseur SLOC	Décodeur SLOC
MPEG-4 SP	27	960	2900
MPEG-4 AVC	45	1980	3900

TABLEAU 2.4 – Comparaison des mises en œuvre du décodeur MPEG-4 partie 2 *SP* et MPEG-4 partie 10 *AVC* en ligne de code source (SLOC).

Les travaux présentés ont par la suite été repris pour le développement du profil FRExt de la norme MPEG-4 partie 10. Ces travaux ont permis de valider ce réseau, car peu de changement sont effectuées sur sa topologie. Par ailleurs, plus 60% des acteurs sont réutilisés entre ces deux configuration. Les objectifs du développement du profil FRExt est, à plus long termes, de modéliser l'extension SVC de la norme MPEG-4 partie 10 [SMW07] sur la base des travaux présentés.

2.3   Machine Virtuelle et MPEG RVC

La norme MPEG RVC répond aux besoins de MPEG en terme de normalisation de décodeur et surtout aux exigences actuelles du marché du multimédia. Elle permet une implantation rapide de décodeur, conforme aux normes MPEG et adaptée à un large éventail d'architectures. Pourtant, nous pouvons observer que la plupart des outils disponibles dans MPEG RVC (*cf.* section 1.4 et section 2.2) se concentrent uniquement sur l'analyse et la génération de code. Aucun travail n'existe réellement pour mettre en avant les fonctionnalités dynamiques d'un ADM dans MPEG RVC. Les outils de synthèses permettent une génération de décodeur "figée" par le concepteur de décodeur, perdant lors de cette transformation un grand nombre de propriétés de l'ADM source et excluant toute possibilité de reconfiguration.

MPEG-RVC n'exploite donc pas à l'heure actuelle de décodeur dynamique, illustré en figure 2.19. Un décodeur dynamique permet la réception et la génération à la volée d'un processus de décodage, en fonction d'une description de décodeur et d'un

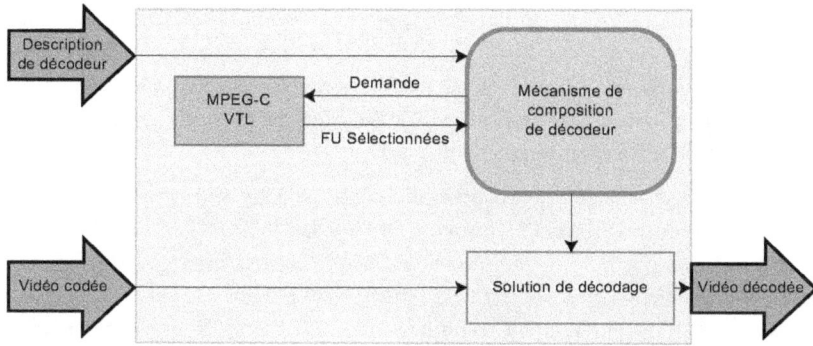

FIGURE 2.19 – Vision d'un décodeur compatible MPEG RVC.

flux codé. L'utilisation d'un décodeur dynamique compatible à MPEG RVC permet de repousser la synthèse d'un décodeur jusqu'à la plate-forme cible et ainsi de conserver toutes les propriétés de l'ADM originel jusqu'à sa phase de mise en œuvre. Ce procédé de décodeur dynamique existe dans un environnement de décodage appelé OneCodec [RBKF08].

2.3.1   L'émergence des décodeurs adaptatifs

L'environnement OneCodec (figure 2.20) est un ensemble complet d'outils pour le codage et le décodage dynamique de contenu vidéo [RKB+09]. Un serveur OneCodec est la représentation d'un diffuseur de contenus. Son but est de transmettre une vidéo compressée ainsi qu'une série d'instructions, le *OneCode*, pour sa décompression. Un lecteur OneCodec réceptionne le flux compressé et applique les instructions de décompression OneCode pour transmettre en sortie une vidéo décodée.

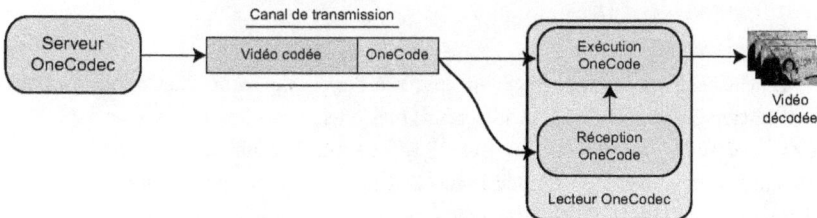

FIGURE 2.20 – Structure de l'environnement OneCodec.

Un décodeur OneCodec est un décodeur générique ne contenant *a priori* aucune méthode de décompression de contenu. Son unique capacité est d'adapter les instructions de type OneCode en une instruction compréhensible par la plate-forme sur lequel il s'exécute. Un décodeur dynamique est donc capable de gérer n'importe quel contenu vidéo dès que les instructions de décodage y sont associées. Cet environnement permet au serveur d'adapter ses méthodes de compression selon le canal de transmission et les propriétés du contenu, le récepteur ne nécessite ni mise à niveau ni récupération à l'avance du décodeur à utiliser.

Les instructions OneCode exploitent une syntaxe dédiée à l'environnement One-Codec, la Decoder Description Syntaxe (DDS) [PKB+09]. Elle représente un ensemble de primitives bas-niveau indépendant de toute plate-forme pour la représentation de décodeur. L'exécution d'instructions OneCode est impérative, à l'image des langages de programmation traditionnels. Un processus de décodage en DDS correspond à l'exécution séquentielle d'un ensemble de fonctions, chacune de ces fonctions est la représentation atomique d'un processus de codage. La figure 2.21 est la représentation d'une fonction sous forme DDS.

```
return type Function Name(input parameters)
{
        Declaration de variables
        Constantes
        ...
        Instructions OneCode
        ...
        return parameter
}
```

FIGURE 2.21 – Description d'une fonction en DDS.

L'utilisation du langage DDS, spécifique à l'environnement OneCodec, implique l'utilisation d'une MV dédiée. Un lecteur OneCodec incorpore le moteur d'exécution *Universal Video Decoder* (UVD) [KPBR10] capable de configurer et reconfigurer un décodeur à la volée. L'UVD fonctionne à la manière d'un interpréteur et transcrit chaque instruction en DDS en instruction compréhensible par la plate-forme cible. Cette phase d'interprétation de code implique des performances en exécution d'un processus de décodage plus faible qu'une compilation et une exécution "statique" de ce même processus [RBKF08]. Les applications actuellement disponibles dans l'environnement OneCodec sont une représentation sous forme OneCode de deux transformations de macro-blocs 8x8, une DCT et une transformée de Haar [RBdFK08].

2.3.2   Apport d'une Machine Virtuelle Universelle

L'environnement OneCodec possède plusieurs caractéristiques le rendant inadaptés pour supporter des descriptions MPEG RVC dans un contexte dynamique :

- le choix de la transmission d'une description de décodeur sous forme d'instructions OneCode propriétaires exclut toute possibilité d'utilisation d'un langage normalisé dans MPEG-B partie 4,
- la syntaxe DDS, proche de la sémantique du langage C, perd la notion de granularité de parallélisme et d'outil de codage propre à la représentation flux de données,
- le DDS implique le développement d'une MV spécifique, tâche coûteuse en main-d'œuvre et peu propice à remplacer les MV existantes,
- la perte de la notion d'outil de codage impose également la transmission d'une description complète de décodeur à chaque flux codé, ce qui induit inévitablement un surcoût sur la taille globale de la vidéo à compresser.

Ce dernier point est primordial dans un environnement de transmission multimédia où la taille des données à transmettre est un critère essentiel pour l'évaluation de l'efficacité d'une norme de codage.

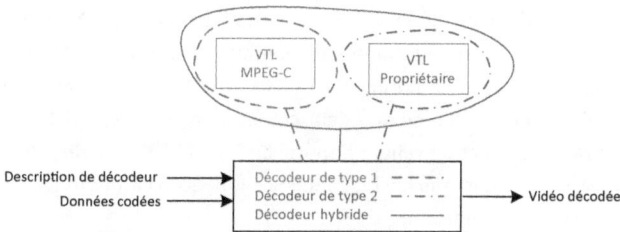

FIGURE 2.22 – Support de VTL normative, propriétaire et hybride. [ISO09]

La première contribution de cette thèse est la définition d'une structure de décodeur dynamique fondé à la fois sur les principes de décodeur normalisé dans MPEG-B partie 4 et sur les capacités d'un lecteur défini dans l'environnement OneCodec. Un décodeur dynamique compatible avec MPEG-B partie 4 doit :

1. conserver la séparation entre réseau de décodeur et outil de codage,

2. être modulaire pour permettre la création de décodeur composée d'outil de codage normatif et/ou propriétaire (figure 2.22),

La composition dynamique de réseau de décodeur nécessite l'utilisation d'une MV, associée à une prise en charge des modèles d'exécution de diagramme flux de données. La transformation d'une description RVC en un code exécutable par la machine cible se doit d'être légère et adaptée à l'unité d'exécution. Cette nouvelle structure de décodeur dynamique compatible avec les descriptions RVC ouvre la voie à de nouvelles fonctionnalités dans MPEG RVC. Le modèle d'exécution d'un décodeur doit être choisi dynamiquement selon la plate-forme ciblée et les propriétés d'une configuration de décodeur. La notion d'outil de codage étant conservée jusqu'à la plate-forme d'exécution, une reconfiguration à la volée peut être appliquée simplement par la détection de topologie dans le réseau d'un décodeur. Enfin, MPEG RVC dispose de nombreuses applications pour valider l'ensemble de nos approches.

2.4   Conclusion

Nous avons présenté dans ce chapitre les éléments clés qui structurent la norme MPEG RVC. Cette norme se fonde sur une représentation flux de données de décodeur normalisé dans MPEG pour pallier aux faiblesses des anciennes descriptions C de leurs logiciels de référence. Cette représentation se divise en deux normes distinctes : la norme MPEG-B partie 4 normalisant sa représentation et la norme MPEG-C partie 4 normalisant ses outils de codage. Ces deux normes ajoutent les notions d'abstraction d'architecture et de réutilisation d'outils, deux concepts fondamentaux dans le domaine de la représentation d'applications. Au commencement de cette thèse, les seules configurations disponibles conformes à MPEG-B partie 4 sont des mises en œuvre de la norme MPEG-4 partie 2. L'une de nos contributions est une nouvelle configuration de décodeur conforme à la norme MPEG-4 partie 10. Cette configuration permet de valider l'approche MPEG RVC, ce décodeur ayant été fonctionnel en approximativement huit mois, ce qui est peu au vu de la complexité de mise en œuvre de cette norme.

Le principal outil disponible dans MPEG RVC est l'outil de synthèse Orcc. La faiblesse de cet outil, identifiée dans cette thèse, est qu'elle ne génère que des représentations "figées" de décodeurs. Cette représentation figée supprime, lors de sa mise en œuvre, toute possibilité de reconfiguration de sa représentation selon les propriétés d'une machine ou selon ses besoins. Nous introduisons ainsi une réponse à cette problématique de reconfiguration par l'utilisation d'un décodeur dynamique, se fondant sur l'utilisation d'une MV capable de mettre en œuvre des descriptions flux de données d'applications sur des plates-formes. Le chapitre suivant développe les contributions théoriques liées à la mise en œuvre de cette nouvelle MV, que nous nommons "Machine Virtuelle Universelle". Le caractère universel de cette MV est justifié par l'ajout d'une nouvelle abstraction clef pour les architectures de machines actuelles, à savoir l'abstraction de l'architecture d'exécution.

Chapitre 3

Génération et exécution dynamique pour modèle "flux de données"

Ce chapitre présente les contributions théoriques de cette thèse pour le développement d'une MVU. Ces contributions se divisent en quatre parties.

La section 3.1 présente une nouvelle structure d'adaptation pour la construction d'une MVU. Cette structure se fonde sur les MV existantes et ajoute une couche d'adaptation pour le support de la programmation par modèles flux de données. Nous présentons donc une contribution majeure de cette thèse : le *moteur de configuration*, dont le rôle est de traduire une représentation par modèle flux de données en une représentation sous forme de langage impératif, adaptée à la fois à la MV et à l'architecture de la plate-forme logicielle cible.

Cette structure d'adaptation nécessite un bytecode pour la programmation orientée-acteur. Nous introduisons en section 3.2 la Représentation Canonique et Minimale (RCM), une représentation d'acteurs flux de données compacte, concrète et générique pour la représentation d'acteurs RVC-CAL. Cette représentation, couplée à un graphe flux de donnée, est destinée à être transformée par le moteur de configuration pour son exécution sur MV.

Nous présentons dans la section 3.3 les transformations associées à cette RCM pour rendre son exécution conforme à la programmation impérative. Cette étape représente la configuration du modèle flux de données. Elle est intégrée dans une MVU à la manière d'une librairie standard, dont le comportement peut varier selon l'architecture de la machine hôte. Cette étape de configuration nécessite également la prise en compte de l'ordre d'apparition des acteurs d'un réseau pour une exécution efficace sur MV. C'est la phase d'ordonnancement de réseau.

La section 3.3 détaille un modèle d'ordonnancement d'acteurs conservant le caractère dynamique du modèle flux de données original et ayant une capacité d'exécution scalable sur plate-forme multi-cœur. La section 3.5 décrit une méthode d'optimisation de cet ordonnancement dynamique par l'utilisation d'un ordonnancement hiérarchique de certaines régions d'un réseau d'acteurs.

Enfin, la section 3.6 est consacrée à une optimisation spécialement dédiée à MPEG RVC et à la traduction binaire. La Video Tool Library de MPEG RVC se fonde sur l'*a priori* d'un ensemble d'outils de codage commun à plusieurs normes. Nous développons un algorithme de reconfiguration de décodeur à la volée se fondant sur le principe de réutilisation. Cet algorithme est capable de détecter les changements d'acteurs lors d'un passage d'un modèle flux de données à un autre, afin de ne recompiler que partiellement le nouveau modèle.

3.1 Moteur de configuration pour modèle flux de données : structure et objectifs

Nous avons vu au chapitre 1 que les MV usuelles, qu'elles soient à registres ou à pile, se fondent sur un modèle procédural de programmation liée à la nature de la quasi-totalité des processeurs qui équipent les ordinateurs et les plates-formes embarquées. Rappelons que ces modèles de programmation ont comme principale faiblesse une description explicite de leurs séquences d'exécution et inhibent la concurrence potentielle entre différentes parties d'une application. L'utilisation de threads lèvent cette inhibition, mais au prix d'une conception complexe et non-sécurisée, pouvant bloquer les applications de manière définitive. Des alternatives existent, mais sont également complexes d'utilisations et limitent la portabilité des MV [Lee06]. La solution proposée vise exclusivement les applications de traitement de signal, dont une application directe est les décodeurs vidéo fournis par MPEG RVC. Elle consiste en la transmission directe d'un modèle flux de données, pour une transformation sur la plate-cible, selon ses propriétés.

La première contribution de cette thèse est donc l'élaboration d'une structure d'adaptation de programme flux de données pour les MV usuelles. La figure 3.1 permet ainsi d'isoler les outils existants de nos contributions. Le cœur de cette adaptation réside dans les capacités du moteur de configuration. Celui-ci opère comme une couche intermédiaire entre un modèle flux de données *abstrait* et une exécution *concrète* sur MV. Son but est de sélectionner les informations de concurrence d'un modèle flux de données pour générer une représentation optimale d'une application selon l'architecture de la plate-forme d'exécution.

Suivant ce procédé, l'exécution d'un modèle flux de données se déroule en trois étapes :

1. Un moteur de configuration reçoit les informations de configuration d'un modèle flux de données,

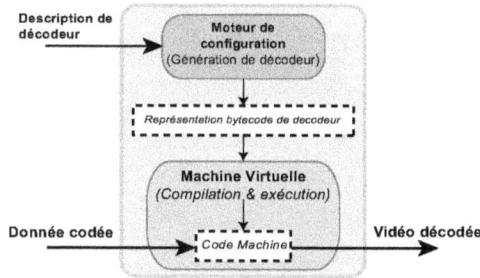

FIGURE 3.1 – Schéma synoptique : moteur de configuration et MVU.

2. Il transforme ce modèle selon l'architecture de la plate-forme d'exécution et transmet une représentation sous forme de *bytecode* à la MV,

3. La MV peut alors interpréter cette représentation, ou plus efficacement et selon ses capacités, utiliser une compilation à la volée avant la phase d'exécution.

L'utilisation d'une représentation flux de données normalisée par MPEG RVC permet de garantir l'interopérabilité et la pérennité du modèle de description. Ainsi, nous concentrons notre approche sur le langage RVC-CAL normalisé dans MPEG-B partie 4. Pour être compatible avec ce paradigme, la MVU doit supporter en entrée une représentation séparée entre acteurs (*e.g.* dans MPEG RVC, les outils de codage) et réseau d'acteurs (*e.g.* une configuration de décodeur). A l'image de la figure 3.2, l'assemblage du modèle flux de données se réalise à l'intérieur du moteur de configuration. Les acteurs conservent les informations comportementales fournies par le langage RVC-CAL et le réseau d'acteurs conserve la sémantique d'un réseau XDF. Les outils de codages normalisés dans MPEG-C partie 4 deviennent une constante à toutes les configurations de décodeur et ne nécessitent pas d'être transmis à chaque nouvelle configuration. Un décodeur RVC peut alors être construit par une seule transmission d'un réseau normalisé par MPEG-B partie 4.

Le développement d'un modèle flux de données nécessite donc les éléments suivants, que nous développerons au cours de ce chapitre :

– une représentation de la programmation orientée acteur à la fois compacte, adaptée au modèle d'acteur RVC-CAL et optimisée pour une exécution sur une MV,

– un modèle de configuration et de reconfiguration de modèle flux de données pour une exécution sur MV,

– un modèle d'ordonnancement optimal selon les plates-formes, *i.e.* capable de s'adapter au nombre d'unités de calcul du système,

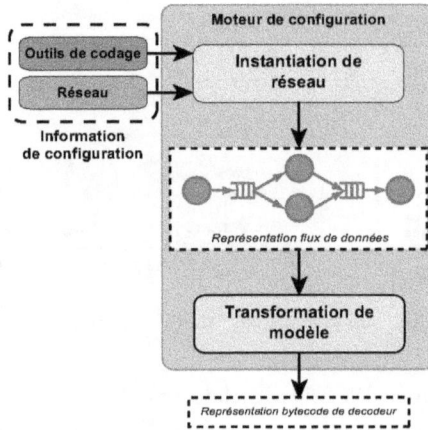

FIGURE 3.2 – Moteur de configuration compatible MPEG RVC.

3.2 Représentation Canonique et Minimale (RCM) d'acteurs RVC-CAL

Une programmation orientée acteur est étroitement liée à la programmation fonctionnelle. Les opérations d'un acteur sont évaluées comme une succession de fonctions mathématiques ayant des effets de bord localisés, à la manière de *mutable*. Ce type de programmation fonctionnelle est à opposer à la programmation impérative, comme celle utilisée dans les MV, qui décrit les opérations d'une application en termes de séquences d'instruction, capables de modifier l'état d'un programme.

Nous développons dans cette section une Représentation Canonique et Minimale (RCM) d'acteurs pour la programmation orientée acteur, optimisée pour une exécution sur MV. Le terme "**Canonique**" se réfère à une représentation d'acteurs sous la forme générale de DPN. L'utilisation d'une représentation DPN permet à la RCM de pouvoir également supporter un vaste sous-ensemble de MoC présentés en chapitre 1. Le terme "**Minimal**" se réfère à la minimisation du nombre de transformations à appliquer pour rendre son exécution conforme à une programmation impérative de MV. Cette RCM diffère des RI utilisées dans les environnements Orcc et OpenDF car elle n'est pas conçue pour être un dénominateur commun à plusieurs langages de programmation. C'est une représentation augmentée d'un *bytecode* de MV, comprenant les informations typiques d'une programmation orientée-acteur.

La RCM représente le *bytecode* d'une MVU, *i.e.* le processus de traduction en RCM se réalise avant la distribution du programme. Cette approche permet, dans un contexte RVC, de distribuer une VTL unique sous forme RCM, et ce pour toutes les configurations de décodeur utilisées dans MPEG RVC.

3.2.1   Structure générale d'un acteur RVC-CAL

La construction d'une RCM supportant le langage RVC-CAL nécessite d'identifier les éléments qui le composent. Nous nous inspirons de [EJ03a] pour définir un acteur RVC-CAL avec m entrées et n sorties comme l'ensemble des données suivantes :

- Id : l'identifiant de l'acteur,
- Pe : l'ensemble des m ports d'entrée de l'acteur,
- Ps : l'ensemble des n ports de sortie de l'acteur,
- ψ : l'ensemble des paramètres de l'acteur,
- Σ : l'ensemble des états de l'acteur,
- $\sigma_0 \in \Sigma$: l'état initial de l'acteur,
- A : l'ensemble des actions, $A_L \subseteq A$ étant les actions labellisées par un ensemble de label L,
- FP : l'ensemble de fonctions et de procédures,
- FSM : un automate fini,
- $<$: la relation d'ordre partiel non-réflexive établissant la *priorité* entre les actions.

Un acteur RVC-CAL, par sa construction sous forme d'actions, est un modèle particulier de DPN où un acteur peut être défini avec plusieurs fonctions de tir, exécutées en accord avec plusieurs règles de tir. Nous définissons une action $a_i \in A$ comme le couple (R_i, f_i) où :

- $R_i \subseteq \Sigma \times S^m$ est une règle de tir associant un état σ à m séquences de jetons,
- $f_i : R_i \to \Sigma \times S^n$ est une fonction de tir qui, à une règle de tir R_i, associe un nouvel état de l'acteur σ' et n séquences de jetons en sortie.

La fonction de tir d'une action conserve son comportement peu importe le réseau d'acteurs dans lequel il se trouve. Cependant, la séquence d'exécution de ces fonctions, liée aux règles de tir, dépend directement de son environnement d'exécution. L'aspect transformationnel d'un acteur se réfère donc à l'ensemble de ses règles de tir qui ne doit être ni perdu ni tronqué lors du passage du d'une description RVC-CAL à une description RCM.

Il existe deux façons en RVC-CAL de modéliser l'état d'un acteur : soit par l'utilisation d'une variable d'état accessible pour toutes les actions, soit par l'utilisation d'un automate fini. Nous définissons l'ensemble Σ comme le couple (Q, Σ_v) où :

- Q est l'ensemble des états d'un automate fini,
- Σ_v est l'ensemble des états régulés par les variables d'états.

L'automate fini FSM se présente alors sous la forme d'un 4-uplet $(L, Q, q_0, \mathcal{T})$ où :

- L est l'alphabet d'entrée correspondant aux labels des actions,
- Q est l'ensemble fini de ses états,
- q_0 est son état initial,
- $\mathcal{T} \subset Q \times L \times Q$ est l'ensemble des transitions qui associe deux états à un label d'action.

Nous notons $X = [x_1, x_2, ...]$ l'ensemble des jetons présent sur une FIFO. L'ensemble des jetons lus sur les m ports d'entrée de l'action a_i est noté $[Pe_{i,1}, Pe_{i,2}, ..., Pe_{i,m}] \in S^m$. Le nombre de jetons présents dans une FIFO est notée $|X|$. De manière similaire, la taille d'une séquence lue sur un port j par l'action a_i est notée $|Pe_i, j|$.

L'ensemble des consommations sur les m entrées de l'action a_i est noté $|R_i| = [|Pe_{i,1}|, |Pe_{i,2}|, ..., |Pe_{i,m}|]$. Inversement, la séquence de jeton produite sur n ports par a_i est $[Ps_{i,1}, Ps_{i,2}, ..., Ps_{i,n}] \in S^n$, avec $|Ps_{i,j}|$ la taille de chacun de ces éléments. L'ensemble des productions pour $s \in S^n$ sur les n sorties de l'action a_i est noté $|f_i(s)| = [|Pe_{i,1}|, |Pe_{i,2}|, ..., |Pe_{i,m}|]$.

3.2.2   RCM d'une action

La syntaxe d'une action est différente d'une procédure d'un langage de programmation impératif. Considérons l'action mul avec deux port I et O de taille $int(size = 16)$:

```
int(size=32) b;

mul: action I:[a] ==> O:[a * b]
guard
  a + b > 0
end
```

Cette action consomme un jeton a sur un port I et produit la multiplication du jeton a et de la variable d'état b sur un port O, si et seulement si $a + b > 0$. Alors qu'une action va agir sur des ports, une fonction travaille sur des arguments. Les règles de consommation et de production d'une action n'ont donc pas d'équivalent dans un langage impératif. Cependant, le corps d'une action peut être représenté par une procédure réalisant l'opération :

$$f : \sigma \times S^m \to \sigma' \times S^n.$$

Avec $\sigma \in \Sigma$ l'état d'origine et S^m la séquence d'origine de l'acteur, $\sigma' \in \Sigma$ l'état et S^n la séquence de sortie de la fonction. Ce qui donne dans notre exemple :

$$f_{mul} : [b] \times [a] \to [b] \times [a * b].$$

Le garde de l'action peut également se représenter par le prédicat suivant :

$$\mathcal{G} : \{\sigma \times S^m\}.$$

Ce qui correspond dans l'action *mul* à :

$$\mathcal{G}_{mul} : \{[b] \times [a] \mid a + b > 0\}.$$

Le seul effet de bord admissible par f et $\mathcal{G}$ se réalise sur l'ensemble Σ_v. Une fonction peut également dépendre d'une constante ψ dont la valeur est fixée à l'instanciation de l'acteur. L'équivalence entre une action a_i et une procédure dans un langage impératif s'applique donc au 4-uplet $(f_i, \mathcal{G}_i, \Sigma^v, \psi)$.

Nous représentons ce 4-uplet comme deux fonctions $(f_i, \mathcal{G}_i)$ conformes à la sémantique de la MV et liées à un ensemble de variables globales S_i^m, S_i^n et Σ^v, ψ. L'état initial σ_0 se représente à la manière d'une valeur initiale affectée à chacune des variables de Σ^v. L'ensemble des fonctions et des procédures FP est uniquement exécuté lors d'un appel dans le corps d'une action, son équivalence sous forme de procédure de MV est donc directe.

A l'instar des métadonnées dédiées à la programmation objet (*cf.* chapitre 1), nous définissons de nouvelles métadonnées pour la programmation orientée acteur. Les métadonnées sont utilisées dans la programmation objet pour ajouter un ensemble d'information sur des données d'un programme. Dans la programmation orientée acteur, nous utilisons ces métadonnées pour la construction de la séquence S^m et S^n. La construction de S^m se réalise depuis un ensemble de ports d'entrée vers un ensemble de variables globales d'un langage de programmation impérative. La construction de S^n se réalise depuis un ensemble de variables globales d'un langage de programmation impérative vers un ensemble de ports de sortie.

L'utilisation de métadonnées permet de ne pas ajouter de dépendance supplémentaire vis-à-vis d'une librairie spécifique. Le comportement d'un acteur est alors indépendant d'une mise en œuvre spécifique de modèle flux de données sur MVU. La RCM d'un acteur se compose ainsi d'un ensemble de procédures et de variables globales directement exécutables par la MV et de métadonnées permettant la transformation d'un acteur vers des mises en œuvre concrètes.

La construction des séquences S^m et de S^n est liée à la signature d'entrée et de sortie des actions. Les métadonnées transportent ainsi les informations de consommations et de productions sur chaque port, *i.e.* $|Pe_{i,m}|$ sur les m entrées et $|Ps_{i,n}|$ sur les n sorties de l'action a_i. Conformément à la sémantique RVC-CAL, une entrée/sortie sans consommation ($|Pe_{i,m}|/|Ps_{i,n}| = 0$) n'est pas incluse dans les métadonnées. Le label de l'action étant utilisée par les structures de contrôles, elles sont également présentes sous forme de métadonnées.

Nous en déduisons la RCM pour l'action suivante :

	Métadonnées	V-ISA	
		Variables	Procédures
RCM d'un acteur liée l'action a_i		ψ Σ^v	FP
RCM d'une action a_i	$\|Pe_{i,m}\| \to S_i^m$ $\|Ps_{i,n}\| \to S_i^n$ $L \to f_i$ $\mathcal{G}_i \to f_i$	S_i^m S_i^n	$f_i : \sigma \times S_i^m \to \sigma' \times S_i^n$ $\mathcal{G}_i : \{\sigma \times S_i^m\}$

Les flèches sur les métadonnées indiquent la référence d'une information vers une donnée de bytecode ou une autre métadonnée.

La RCM de l'action mul devient alors la suivante :

	Métadonnées	V-ISA	
		Variables	Procédures
Σ^v		int(size=32) b	
S_{mul}^m	$\|Pe_{mul,I}\| = 1 \to a$	int(size=16) a	
S_{mul}^n	$\|Ps_{mul,O}\| = 1 \to c$	int(size=16) c	
f_{mul} :	"mul"		$[b] \times [a] \to [b] \times [c = a * b]$
G_{mul} :			$\{[b] \times [a] \mid a + b > 0\}$

3.2.3   RCM du contrôle sur les actions

La description RVC-CAL du contrôle sur les actions ajoute des contraintes supplémentaires aux règles de tir sur l'ensemble des actions labellisées. Ces informations sont décrites par un automate fini et/ou un ensemble de relation d'ordre partiel $<$ sur la priorité des actions.

Ainsi, dans un état q de l'automate fini, seul un sous-ensemble d'actions d'un acteur peut être tiré. Le recouvrement des règles de tir sur ce sous-ensemble d'actions (signatures d'entrées et gardes) couplés à l'obligation RVC-CAL de ne tirer qu'une seule action à la fois peut introduire l'indéterminisme [EJ03a], que l'utilisation de la priorité peut résoudre. Prenons l'exemple d'une machine à 2 états avec 3 transitions liées à 3 labels d'actions :

```
s0 ( action0 ) --> s1;
s0 ( action1 ) --> s1;
s0 ( action2 ) --> s1;
```

avec la priorité suivante :

```
action1 > action0
```

A l'exécution de l'acteur, dans un état $q = s_0$, l'action 0 et l'action 2 peuvent être tirées si et seulement si les règles de tir sur l'action 1 sont évaluées fausses. La priorité des actions ajoute donc une information d'ordre sur le test de règles de tir d'un ensemble d'actions.

Pour permettre une évaluation séquentielle des règles de tir associées aux actions, il nous faut trier les actions en accord avec leurs priorités. En effet, de par la séquentialité d'exécution d'une MV, les actions les plus prioritaires doivent être évaluées en premier sur un état donné de l'automate fini. Cependant, les priorités n'introduisent qu'un ordre partiel entre les actions munies de la relation binaire $<$.

Nous recoupons les informations de priorités ($<$) et de FSM pour la définition d'un ordre total sur le test des règles de tir. L'information résultante est décrite par un ensemble métadonnées dans la RCM qui permettent de reconstituer la règle de tir complète d'une action. L'ordre total sur les priorités aide la MVU à réaliser une évaluation consistante de règles de tir lors de l'exécution d'un acteur.

La résolution de l'ordre total sur les priorités se réalise dans un premier temps par une pondération de priorité sur le test des règles de tir défini par $<$. L'ordre est ensuite rendu total par une extension linéaire de la priorité sur les actions, pris arbitrairement comme ordre d'apparition des actions dans le code source. Il en résulte un nouvel automate fini d'acteurs où chacune de ses transitions sur un état est pondérée. Un acteur n'ayant aucune description d'automate fini est alors représenté comme un automate fini avec plusieurs transitions, une par action, sur un unique état q_0.

Nous en déduisons la RCM :

	Métadonnées
RCM du contrôle sur les actions	L Q q_0 $(\mathcal{T}, <_\mathcal{T})$

Ce qui correspond dans notre exemple à :

	Métadonnées
L	$action0, action1, action2$
Q	$s0, s1$
q_0	$s0$
$(\mathcal{T}, <_\mathcal{T})$	$(s0 \times action1 \times s1) < (s0 \times action0 \times s1) < (s0 \times action2 \times s1)$

3.2.4   RCM de l'en-tête d'un acteur

L'en-tête d'un acteur déclare les paramètres et de la signature d'entrée/sortie de l'acteur. Prenons l'exemple suivant :

```
actor Add (int(size=10) FACTOR) int(size=32) I ==> int(size=32) O :
```

Cet acteur possède respectivement un nom (Add), un paramètre ($FACTOR$), une entrée (I) et une sortie (O). Le nom de l'acteur permet son identification au sein d'un réseau d'acteurs. Les ports d'entrées/sorties sont des informations structurelles de l'acteur, directement liées au paradigme de programmation d'un modèle flux de données. Elles n'ont aucun équivalent en langage impératif et sont donc décrites par des métadonnées. Un port possède un identifiant et une taille de donnée permettant de déterminer la taille des jetons à consommer/produire.

Un paramètre est immuable au cours de l'exécution, *i.e.* sa valeur ne peut être assignée à l'intérieur d'un acteur. Elle est fixée par le réseau d'acteurs via l'intermédiaire d'un identifiant ψ_{id} de paramètre. Chaque identifiant est ainsi décrit par une métadonnée et pointe vers la variable globale correspondante pour son identification par la MVU. Les variables globales assignées aux paramètres dans une RCM sont considérées comme des variables spécifiques, utilisée à l'instanciation comme préprocesseur ou variable "finale" selon les propriétés du langage de la VM.

Nous en déduisons la RCM :

	Métadonnées	Variables
RCM d'entête d'un acteur	$\psi_{id} \to \psi$ Id P_e/P_s	ψ

et pour notre exemple :

	Métadonnées	Variables
ψ	"FACTOR" $\to FACTOR$	int(size=10) $FACTOR$
Id	"Add"	
P_e/P_s	$int(size = 32)\ I\ /\ int(size = 32)\ O$	

3.2.5 RCM du comportement d'un acteur

Les méthodes de classification intégrées à Orcc [WR10] et à Xlim2C [MFA01] ajoutent des informations comportementales sur l'exécution d'un acteur que la sémantique RVC-CAL ne peut exprimer. Le but d'une classification est de restreindre le comportement dynamique (DDF) d'un acteur RVC-CAL par un ordre statique (SDF, CSDF) ou conditionnel (QSDF) sur la sélection de ses actions. Ces modèles permettent, dans le cadre d'un comportement statique, de connaître à la compilation le nombre de jetons consommé et produit à chaque tir, ou, dans le cadre d'un comportement conditionnel, d'obtenir un *a priori* sur celui-ci. La RCM comportementale est donc une information complémentaire qui peut être ajoutée à un acteur pour l'optimisation de l'exécution d'un acteur et d'un modèle flux de données.

Le modèle d'exécution le plus restreint détecté par une méthode de classification est le modèle SDF. Rappelons qu'un modèle SDF implique qu'un acteur DPN possède une seule règle de tir et une production/consommation fixe de jetons à chaque tir d'acteurs. Les méthodes de classification d'acteurs RVC-CAL étendent le modèle SDF sur des acteurs ayant plusieurs actions avec une même signature d'entrée et de sortie. En d'autres termes, pour chacune des règles de tir R_a et R_b des actions d'un acteur, un acteur est SDF s'il respecte la règle de consommation fixe suivante :

$$|R_a| = |R_b|,$$

et s'il respecte, pour toutes ses fonctions de tir f_a et f_b, la règle de production fixe suivante :

$$\forall s_a \in S^m, \ \forall s_b \in S^m, \ |f_a(s_a)| = |f_b(s_b)|.$$

La présence du nombre de jetons nécessaires $|R|$ d'un acteur SDF implique obligatoirement le tir d'une action et une production de jeton $|f(s)|$. Si l'acteur classifié SDF possède plusieurs actions, la sélection de l'action à tirer devient alors uniquement liée l'état courant de l'acteur. Les informations nécessaires à la description d'un comportement SDF sont donc la taille fixe des données consommées par n'importe quelle action de l'acteur notée $|R| = [|Pe_1|, ..., |Pe_m|]$ sur ses m entrées et la taille fixe des données produites $|f(s)| = [|Ps_1|, ..., |Ps_n|]$ avec $s \in S^m$ sur ses n sorties. Le tir de l'acteur peut ainsi être décrit par un automate fini à 1 état et n transitions sur les n actions de l'acteur. Par ailleurs, la notion de retards sur les acteurs SDF n'est à l'heure actuelle pas détectée par les méthodes de classifications. Elles peuvent néanmoins être modélisées par une action *initialize* dans la RCM.

Nous en déduisons la RCM suivante :

Modèle d'exécution	Représentation comportementale	Métadonnées
SDF	$\|R\|$ ┊ Sélection selon Σ ┊ $\|f(s)\|$ action 1 S^m ⟵ ... ⟶ S^n action i	$\|R\|$ sur S^m $\|f(s)\|$ pour $s \in S^m$ sur S^n Tir selon Σ

Le modèle CSDF étend le modèle d'exécution SDF par la détection d'un état d'acteurs pour la modélisation cyclique de plusieurs comportements SDF. Ce cycle SDF étant séquentiel et périodique, l'évolution du cycle de l'acteur peut être décrite par un automate fini à n états et une transition sur chacun de ces états. A chaque phase, un nombre fixe de jetons est produit et consommé. Un cycle possède donc une consommation bornée où $\|R\| = [\|R_1\|, ..., \|R_n\|]$ et une production bornée $\|f(s)\| = [\|f_1(s_1)\|, ..., \|f_n(s_n)\|]$ avec $s = [s_1, ..., s_n] \in S^m$ sur les n séquences SDF de l'acteur.

La description sous forme RCM est la suivante :

Modèle d'exécution	Représentation comportementale	Métadonnées
CSDF	$\|R\|$ ┊ Séquence SDF ┊ $\|f(s)\|$ S^m ── SDF-1 ── ... ── SDF-i ── S^n	$\|R\|$ sur S^m $\|f(s)\|$ pour $s \in S^m$ sur S^n Séquence SDF

Le modèle d'exécution QSDF étend les modèles statiques SDF et CSDF par la prise en charge du conditionnement dans une séquence de tir des actions. Les méthodes actuelles de classification sont capables de détecter un sous-ensemble du comportement QSDF décrit par Boutellier dans [BLL$^+$11]. Un modèle QSDF définit le comportement d'un acteur par plusieurs comportements CSDF liés à une séquence d'entrée S^m d'un acteur. Un comportement QSDF selon Boutellier peut être décrit par un automate fini à n transitions sur un état initial, n étant le nombre $S^m = [S_1^m, .., S_n^m]$ de séquences possibles de jeton.

La description en RCM est la suivante :

Modèle d'exécution	Représentation comportementale	Métadonnées
QSDF	Sélection selon S^m CSDF-1 S^m ⟵ ... ⟶ S^n CSDF-i	$S_1^m \rightarrow CSDF - 1$ $S_2^m \rightarrow CSDF - 2$ ... $S_i^m \rightarrow CSDF - i$

3.3   Transformation de la RCM

Un moteur de configuration construit une représentation complète d'un programme flux de données par la réception séparée d'un ensemble d'acteurs sous la forme d'une RCM et d'un réseau d'acteurs conforme à la description MPEG-B partie 4. Dans un contexte MPEG RVC, nous définissons cet ensemble comme le couple $C = (A, G)$ où :

- A est l'ensemble des outils de codage identifiés dans une configuration de décodeur,
- $G = (V, E)$ est le graphe flux de données d'une configuration de décodeur.

Un moteur de configuration établit la traduction du réseau $G = (V, E)$ sous forme d'un langage impératif adapté à la MV où :

- V sont des instances d'acteurs avec leurs propres ports, actions, états et paramètres selon les informations fournies par le bytecode de la RCM,
- E sont des FIFO unidirectionnelles entre les ports des instances.

Un acteur ne contient à sa réception aucun mécanisme de communication entre acteurs et aucun mécanisme de sélection d'actions. Le moteur de configuration traduit les métadonnées d'une RCM en un ensemble d'instructions réalisant les deux opérations orthogonales d'ordonnancement d'actions et de communication depuis et vers les FIFO. Nous proposons dans cette section une mise en œuvre *possible* de la RCM d'un acteur dans une MVU par l'intermédiaire d'un ordonnanceur d'actions (figure 3.3).

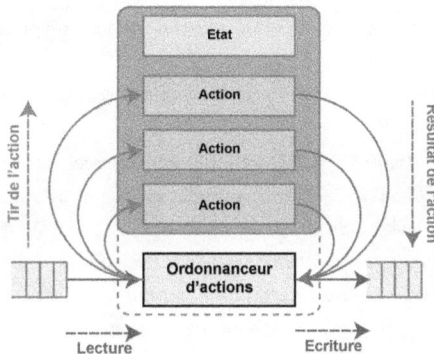

FIGURE 3.3 – Représentation d'un ordonnanceur d'actions.

Dans cette solution, l'ordonnanceur d'actions représente le lien entre une programmation orientée acteur et une programmation impérative. Il est l'unique point d'entrée pour l'exécution d'un acteur. Son rôle est d'activer l'exécution d'une ou plusieurs fonctions de tir associé aux actions, en fonction de leurs règles de tir, de l'état des canaux de communications et de l'état courant de l'acteur.

3.3.1   Modèle de communication entre instances

La première opération réalisée par le moteur de configuration est de transformer les métadonnées contenues dans la RCM en un ensemble de règles de communication entre les instances. Nous avons vu en chapitre 1 que le modèle de communication d'un DPN est connexe aux KPNs suivant ces principes :

- la lecture au travers des FIFO est *non-bloquante*, les acteurs sont autorisés à tester la présence ou l'absence de données,
- l'écriture au travers des FIFO est également *non-bloquante*, *i.e.* l'écriture sur une FIFO retourne immédiatement.

Ainsi, à la place d'une programmation concurrente et d'une lecture bloquante d'un KPN, l'ordonnanceur d'actions choisit au cours de son exécution les actions qui peuvent être exécutées et sort immédiatement de l'acteur lorsqu'aucun tir n'est possible.

Nous définissons trois types d'accès aux canaux de communications, sous la forme de trois fonctions, pour permettre à l'ordonnanceur d'actions de tester l'ensemble des règles de tir dont une action peut disposer :

- $nb = Available(Pe)$: lecture du nombre nb de jetons contenus sur la FIFO d'un port Pe,
- $nb = Room(Ps)$: lecture du nombre nb de places disponibles dans la FIFO d'un port Ps,
- $vals = Peek(Pe, n)$: lecture des n premières valeurs $vals$ sur la FIFO d'un port Pe.

Un accès de type *Available* se réfère aux métadonnées sur la signature d'entrée d'une action. L'accès *Room* se réfère aux métadonnées sur la signature de sortie d'une action. L'accès *Peek* désigne un accès aux jetons d'un canal de communication sans consommation. Il permet aux règles de tir d'être dépendantes d'une valeur de jetons et est utilisé pour l'évaluation du garde de l'action.

L'exécution d'une action par l'ordonnanceur nécessite l'insertion et la consommation de jetons dans les FIFO. Nous définissons deux types d'accès, sous la forme de deux fonctions, permettant l'exécution de la fonction de tir liée à une action :

- $vals = Read(Pe, n)$: Consommation de n jetons de valeur $vals$ d'un canal de communication sur un port Pe,
- $Write(vals, n, Ps)$: Productions de n jetons de valeur $vals$ dans un canal de communication d'un port Ps.

Par la définition de ces cinq types d'accès, un ordonnanceur d'actions est capable de gérer l'ensemble des modèles flux de données de type DPN, dont la RCM est intégrante.

3.3.2 Ordonnancement des actions

Sans information comportementale dans la RCM, la séquence d'exécution des actions d'un acteur ne peut être déterminée qu'à l'exécution. La présence de multiples actions dans un acteur nécessite la mise en place d'un mécanisme de sélection des actions (figure 3.4) selon les principes définis par [EJ03b]. A chaque invocation d'acteur, l'ordonnanceur d'actions opère une classification sur l'ensemble des actions pour déterminer celles à tirer.

L'*éligibilité* (A_E) des actions se définit dans un premier temps selon l'état courant $q \in Q$ de l'automate fini de l'acteur. L'ensemble des actions éligibles A_E correspond à toutes les actions possédant une transition sur l'état q. Un acteur sans automate fini possède donc toutes ses actions éligibles.

Les actions éligibles sont ensuite détectées *activable* (A_A), lorsque le nombre de jetons $|X|$ présents sur les FIFO d'entrées respecte la signature $|Pe_{i,m}|$ sur les m entrées de l'action a_i et si le garde $\mathcal{G}_i$ est évalué vrai.

Enfin, l'action *exécutable* (a) est l'action ayant la priorité la plus forte parmi A_A selon l'ordre de priorité des transitions défini par la RCM.

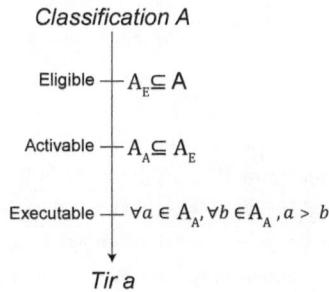

Classification A

Eligible — $A_E \subseteq A$

Activable — $A_A \subseteq A_E$

Executable — $\forall a \in A_A, \forall b \in A_A, a > b$

Tir a

FIGURE 3.4 – Classification d'un ensemble d'actions A pour le tir d'une action a.

Pour définir l'*éligibilité* des actions, l'ordonnanceur d'actions traduit dans un premier temps les informations d'automates finis de la RCM en une variable globale et un ensemble de branchements conditionnels associés à sa valeur courante. L'algorithme 3.1 un exemple de traduction d'un automate fini sous la forme d'un *Switch − Case*.

Algorithme 3.1: Ordonnancement d'un automate fini à deux états S_0 et S_1.

1 **switch** S **do**
2   **case** s_0
3   actions éligibles associées à l'état s_0
4   **endsw**
5   **case** s_1
6   actions éligibles associées à l'état s_1
7   **endsw**
8 **endsw**

A chaque état de l'automate fini, est associée une valeur décimale, assignée à la variable globale S. Chaque branche conditionnelle contient les actions éligibles de l'acteur, ordonnées selon l'ordre de priorité défini par la RCM, de la priorité la plus forte à la plus faible.

Algorithme 3.2: Test de l'activabilité d'une action possédant une consommation de $|Pe_1| = n$ jetons sur Pe_1 et une fonction de garde $G(x)$.

1 $i = Available(Pe_1)$;
2 **if** $i \geq n$ **then**
3      $x = Peek(Pe_1, n)$;
4   **if** $G(x)$ *is true* **then**
5   Tir de l'action.
6   **end**
7 **end**

L'ordonnanceur traduit la notion d'activabilité des actions par un test ordonné des règles de tir sur chacune des actions éligibles, *i.e.* affectées à une branche conditionnelle. Une action est *activable* si et seulement si la disponibilité de jetons déduite de la signature d'entrée et les conditions du garde sont respectées. La fonction *Available* permet dans un premier temps de tester la condition $|Pe_{i,m}| \geq |X_m|$ sur les m entrées d'une action a_i. Si cette condition est vérifiée, la fonction $Peek$ récupère une séquence S^m depuis les m entrées sans consommation. Enfin, le garde $\mathcal{G}_i$ permet de valider cette séquence S^m et de tester l'état courant de l'acteur. L'algorithme 3.2 est un exemple de test sur l'état activable d'une action consommant $|Pe_1| = n$ jeton sur un port Pe_1.

La notion de priorité étant résolue dans la RCM, nous pouvons déduire que la première action activable est l'action prioritaire. Elle peut donc être exécutée par l'ordonnanceur d'actions sans que les autres règles de tir des actions éligibles ne soient vérifiées.

L'écriture *non-bloquante* d'un DPN impose l'existence de suffisamment de places dans les FIFO de sortie pour stocker le résultat d'une fonction de tir. La fonction *Room* permet de tester la condition $|Ps_{i,m}| \geq |X_n|$ sur les n entrées d'une action a_i. Afin de respecter les priorités sur les actions, l'ordonnanceur doit retourner immédiatement si cette condition n'est pas respectée, sans tester les autres actions activables. En revanche, lorsque cette condition est respectée, l'ensemble des règles de tir sur l'action est vérifié, l'ordonnanceur d'actions peut alors tirer l'action i.

Algorithme 3.3: Tir d'une action possédant une consommation de $|Pe_1| = n$ jetons sur Pe_1, une production de $|Ps_1| = r$ jetons sur Ps_1 et une fonction de tir $f(x)$.

---

1 $o = Room(Ps_1)$;
2 **if** $o \leq r$ **then**
3 $\quad \mid$ **return**;
4 **end**
5 $x = Read(Pe_1, n)$;
6 $y = f(x)$;
7 $Write(y, Y_1, r)$;

Le tir d'une action se déroule en trois étapes. L'ordonnanceur d'actions récupère la séquence S^m par une lecture *Read* avec consommation sur les m entrées de l'action a_i. La fonction de tir $f_i(x)$ est exécutée, puis son résultat S^n est stocké par une écriture *Write* sur les n sorties de l'action. L'exécution de l'action se termine, dans le cas général, par l'affectation d'un nouvel état sur l'automate fini. L'algorithme 3.3 est un exemple de tir d'action par un ordonnanceur d'actions.

3.3.3   Ordonnancement statique ou conditionnel des actions

Les informations comportementales de la RCM permettent la création d'ordonnanceurs d'actions optimisés, qui réduisent le nombre de tests à effectuer sur les FIFO et sur les règles de tir des actions.

La présence du nombre $|R|$ de jetons en entrée et du nombre de places $|f(s)|$ en sortie d'un acteur est une condition suffisante pour le tir d'une ou de plusieurs actions. Les acteurs au comportement statique ou conditionnel sont déterministes, ainsi l'accès *Peek* sur les canaux est inutile. Le moteur de configuration traduit un comportement SDF d'une RCM en un ordonnanceur d'actions décrit dans l'algorithme 3.4. La sélection entre plusieurs actions se réalise par un branchement conditionnel sur l'état courant de l'acteur.

Algorithme 3.4: Ordonnancement d'un acteur SDF sur une action possédant une consommation de $|Pe_1| = n$ jetons sur Pe_1, une production de $|Ps_1| = r$ jetons sur Ps_1 et une fonction de tir $f(x)$.

---
1 $i = Available(Pe_1)$;
2 $o = Room(Ps_1)$;
3 **if** $i \geq n$ *and* $j \geq r$ **then**
4 | $x = Read(Pe_1, n)$;
5 | $y = f(x)$;
6 | $Write(y, r, Ps_1)$;
7 **end**

La description comportementale CSDF d'une RCM est équivalente à une succession de comportements SDF. A chaque tir, l'acteur revient dans son état initial et peut recommencer la succession de tirs. L'algorithme 3.5 est une version optimisée de l'ordonnanceur d'actions où le tir des actions ne se déroule pas de manière atomique mais sur l'ensemble des actions en un tir. La consommation et la production pour chaque tir de l'acteur devient alors égale à la somme des consommations et des productions de chacun des comportements SDF qui le compose.

Algorithme 3.5: Ordonnancement d'un acteur CSDF sur trois actions avec consommation de $|Pe_1| = n$ jetons sur Pe_1, production de $|Ps_1| = r$ jetons sur Ps_1 et trois fonction de tir $f_1(x), f_2(x), f_3(x)$.

---
1 $i = Available(Pe_1)$;
2 $o = Room(Ps_1)$;
3 **if** $i \geq n$ *and* $j \geq r$ **then**
4 | $x = Read(Pe_1, n)$;
5 | $y_1 = f_1(x)$;
6 | $y_2 = f_2(y_1)$;
7 | $y_3 = f_3(y_2)$;
8 | $Write(y_3, r, Ps_1)$;
9 **end**

Une représentation comportementale QSDF dans la RCM est une représentation conditionnelle du comportement CSDF. A chaque comportement CSDF est associée une séquence de jetons, appelée *jetons de contrôle*, qui agit comme un déclencheur de comportement CSDF. Ces jetons de contrôle sont à l'heure actuelle de taille unique pour toutes les branches CSDF [WR10]. L'algorithme 3.6 représente la traduction d'un comportement QSDF en un ordonnanceur d'actions optimisé. L'ordonnanceur d'actions réalise dans un premier temps la détection d'une séquence de contrôle grâce aux fonctions $u1(x)$ et $u2(x)$ fournies dans la RCM à la manière du garde des actions. Si l'une de ces fonctions est vérifiée, alors l'algorithme 3.5 est appliqué pour l'exécution de la séquence CSDF.

Algorithme 3.6: Ordonnancement d'un acteur QSDF exhibant deux comportements CSDF sur une séquence de jetons de taille m sur P_e.

1   $i = Available(P_e)$;
2   **if** $i \geq m$ **then**
3     $x = Read(P_e, m)$;
4   **if** $u1(x)$ *is true* **then**
5   Séquence CSDF-1
6   **end**
7   **else if** $u2(x)$ *is true* **then**
8   Séquence CSDF-2
9   **end**
10 **end**

3.4   Ordonnancement dynamique pour une exécution scalable

La transformation d'une RCM d'acteur en un ordonnanceur d'actions comme unique point d'entrée permet à un réseau d'acteurs RVC-CAL d'être conforme au modèle DPN, à savoir une fonction de tir commandée par plusieurs règles de tir. L'exécution efficace de modèle DPN est un problème ouvert, très largement étudié dans la littérature [LP95]. Par sa construction sous forme d'algorithme sans détail bas-niveau, un DPN expose un grand nombre de parallélismes potentiels qu'il est nécessaire d'adapter en fonction de nombre d'unités de calcul de la machine hôte. L'utilisation d'un ordonnanceur d'acteurs détermine directement l'efficacité d'exécution d'une MVU pour une configuration donnée et pour une machine donnée.

Nous illustrons dans cette section un modèle simple d'ordonnancement capable de s'adapter aux différents degrés de parallélisme d'une application. L'ajout de cet ordonnanceur correspond à la dernière étape de transformation appliquée au modèle flux de donnée pour sa représentation sous forme de langage impératif.

3.4.1   Parallélismes d'un programme flux de données

Un ordonnancement efficace d'un modèle flux de données consiste à trouver un modèle d'exécution capable de maximiser l'utilisation des processeurs d'une machine. Un DPN dispose de trois niveaux de parallélisme (tâche, données, *pipeline*) appliqués à différents niveaux de granularité d'acteurs (gros grain/grain fin) [Luc11]. Nous illustrons ces degrés de parallélisme figure 3.5 sur un graphe flux de données composé de six acteurs. Nous considérons $C_A = C_B = \frac{C_C}{3} = C_D = C_E = C_F$ comme les temps d'utilisation de ressources de calculs de chacune de ces actions.

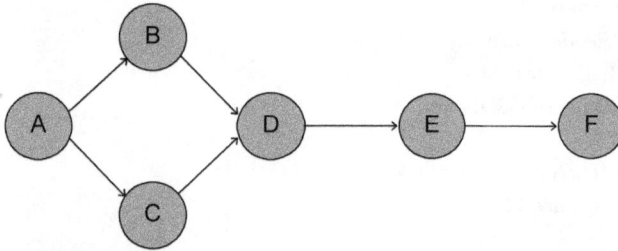

FIGURE 3.5 – Représentation d'un graphe flux de données composé de 6 acteurs.

Les degrés de parallélisme exposés par cette application sont les suivants [GJB+09] :

1. **Le parallélisme de tâche** se réfère à la concurrence disjointe sur des acteurs d'une application n'ayant pas de relation de précédence. Sur la figure 3.5, A précède B, ce qui signifie que B ne peut être exécuté avant la fin de l'exécution de A. En revanche, B et C n'ont aucune relation de précédence et possèdent donc un parallélisme de tâche.

2. **Le parallélisme de données** s'applique à un acteur ou à un ensemble d'acteurs n'ayant ni dépendance d'état, ni dépendance de jetons entre plusieurs tirs successifs. Un ensemble de données peut ainsi être traité concurremment sur plusieurs instances d'un même acteur, *i.e.* un ensemble N de jetons peut être traité par N instances d'un acteur sur des unités de calcul distinctes.

3. **Le parallélisme de pipeline** renvoie aux régions d'une application structurées sous forme de chaîne d'acteurs. Chaque acteur effectue un calcul élémentaire et pousse le résultat vers l'acteur suivant. Ces mêmes acteurs recommencent ensuite leurs calculs sans que l'acteur suivant n'ait consommé les données du calcul précédent.

4. **Le parallélisme gros-grain et grain-fin** porte sur la granularité de division des calculs d'une application sous forme d'acteurs. Une granularité de

description fine est composée d'acteurs relativement légers, en termes de taille de code et de temps d'exécution, qui échangent fréquemment des jetons entre eux. A l'inverse, une description gros-grain se compose d'acteurs réalisant de nombreux calculs et qui échangent peu de jetons.

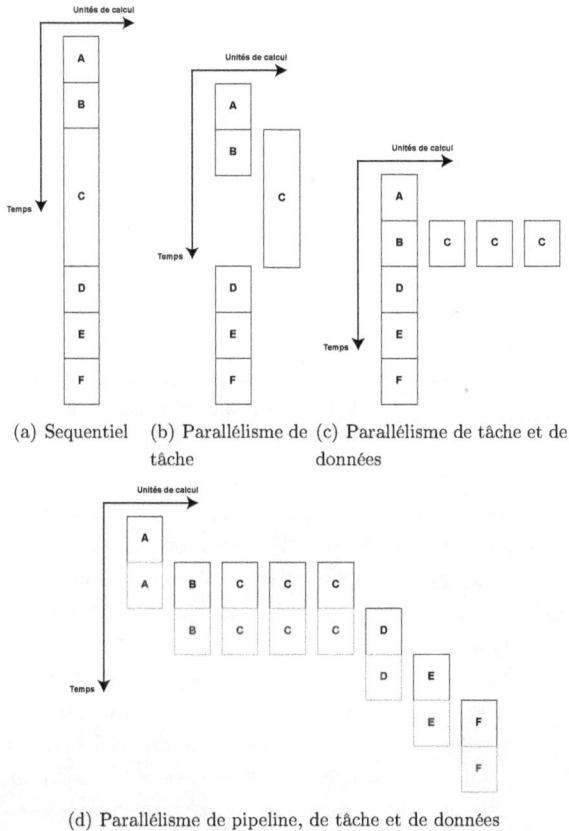

(a) Sequentiel (b) Parallélisme de (c) Parallélisme de tâche et de
            tâche   données

(d) Parallélisme de pipeline, de tâche et de données

FIGURE 3.6 – Parallélisation d'un programme flux de données.

Le parallélisme de pipeline améliore les performances d'une application non pas sur un calcul donné, mais sur le traitement d'un ensemble de données. Il induit cependant une latence lors l'initialisation du pipeline, *i.e.* lors du premier calcul traité par le premier acteur d'une chaîne. Un parallélisme à grain fin est difficilement exploitable sur des plates-formes logicielles. Une granularité de description fine possède un plus grand potentiel de parallélisme, mais aussi un coût important lié au synchronisme de communication. Ce coût de synchronisme tend généralement à masquer le gain obtenu par la parallélisation d'une application.

3.4.2   Stratégies d'ordonnancement d'un programme flux de données

Les premières approches d'ordonnancement utilisées pour l'exécution de réseaux d'acteurs CAL et RVC-CAL sur plates-formes logicielles proviennent des environnements de développement OpenDF et Cal2C. L'exécution des acteurs étaient alors fondée sur des processus concurrents d'un environnement de programmation multitâches de type *discrete events*, SystemC [IEE06] pour Cal2C et JVM [LY99] pour OpenDF. A chaque processus est affectée l'exécution d'un acteur et tous les processus s'exécutent en fonction de la disponibilité des données dans les FIFO. Ces processus ne sont pas préemptifs, *i.e.* ils n'ont pas la capacité d'exécuter ou de stopper une tâche en cours. Cependant, l'ordonnanceur suspend les processus lorsqu'une FIFO d'entrée est vide ou lorsqu'une FIFO de sortie est pleine. Ce type d'ordonnancement se réfère donc au modèle d'exécution KPN. Un KPN n'ayant pas le pouvoir d'exprimer l'indéterminisme d'un DPN, l'expressivité de l'ordonnanceur est augmentée par la possibilité de tester la profondeur dans les canaux de communication. Ainsi, un processus est suspendu uniquement lorsqu'aucun tir d'actions n'est possible.

Toutefois, Lee [LP95] déconseille l'utilisation de nombreux processus concurrents pour l'ordonnancement d'un DPN. En effet, la suspension et la reprise répétées de processus sont coûteuses en ressources, car elles induisent à chaque activation de processus un changement de contexte. Nous l'avons vu, un DPN possède un quantum d'exécution plus fin que les modèles de programmation concurrente. Ce modèle n'est pas propice au blocage de processus. En revanche, il possède un modèle d'exécution naturellement scalable où l'ensemble des règles de tir peut être testé séquentiellement, et dans un ordre prédéfini, par un nombre très réduit de processus indépendants. Le passage d'une invocation d'acteur à une invocation d'un autre acteur ne nécessite qu'une sauvegarde de variables d'états, sans informations contextuelles (piles d'exécution, registres, etc..). Ainsi, Von Platen [vP11] obtient-il des gains en performance trente fois supérieurs par l'utilisation d'un unique processus pour l'exécution d'un DPN en remplacement d'un environnement multitâche.

3.4.3   Ordonnancement par stratégie Round-Robin

L'ordonnancement d'acteurs par stratégie Round-Robin (RR) [LP95] est l'approche la plus simple pour l'exécution d'un DPN. Une liste d'acteurs d'un graphe flux de données est affectée à un processus et ce processus attribue une tranche d'exécution pour l'invocation de chaque acteur d'un réseau, sans notion de priorité ni de temps. Cette approche diffère de l'approche round-robin classique, couramment utilisée dans les systèmes d'exploitation, car elle ne possède pas de répartition par tranche de temps. A chaque invocation d'acteur, un processus active l'exécution de cet acteur jusqu'à ce qu'il ne soit plus en mesure de tirer. Ce principe se fonde donc sur le parallélisme de pipeline d'une application pour réduire de changement d'acteurs lors de l'exécution d'un réseau d'acteurs. La figure 3.7(a) est un exemple d'ordonnancement sur un réseau de six acteurs par une stratégie RR. La traduction de ce modèle sous forme de langage impératif par le moteur de configuration se réalise par l'ajout d'une fonction dite "d'ordonnancement de réseau" (figure3.7(b)), composée d'appels de fonction sur tous les ordonnanceurs d'actions d'un réseau.

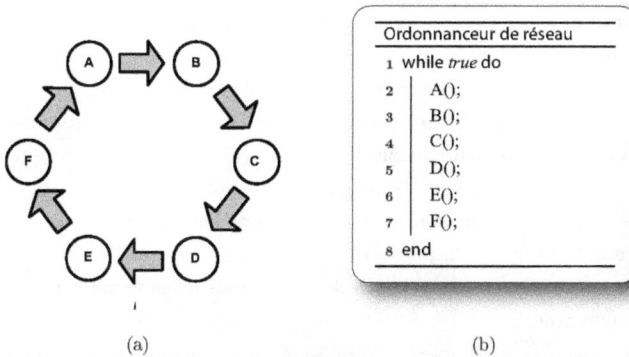

```
Ordonnanceur de réseau
1  while true do
2  |  A();
3  |  B();
4  |  C();
5  |  D();
6  |  E();
7  |  F();
8  end
```

(a)   (b)

FIGURE 3.7 – Ordonnancement de type round-robin sur 6 acteurs d'un graphe (a) représentation visuelle de l'ordonnancement (b) algorithme correspondant.

L'exécution RR est étendue à un modèle d'exécution scalable par la distribution de plusieurs ordonnanceurs RR sur des processus distincts. Chaque processus est affecté à une unité de calcul d'une plate-forme multi-cœurs et exécute un sous-ensemble d'acteurs d'un réseau. La figure 3.8 représente cette version distribuée d'un ordonnancement RR sur deux processus. La version distribuée d'un ordonnanceur RR exploite le parallélisme de tâche d'une application pour son exécution multi-cœur.

Le modèle d'exécution RR a l'avantage d'être relativement simple et de remplacer les changements de contexte d'un KPN par un simple appel de fonction. Il possède cependant le désavantage de ne disposer d'aucun *a priori* sur la topologie du réseau. En effet, une stratégie RR invoque un acteur de manière aveugle, sans qu'aucune de ses règles de tir ne soit nécessairement vraie. La séquence d'exécution des acteurs

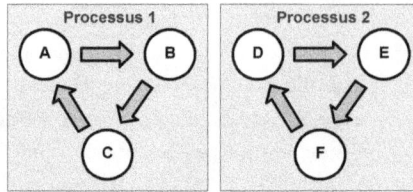

FIGURE 3.8 – Extension distribuée d'un ordonnanceur round-robin sur deux processus.

peut rapidement devenir inefficace sur des applications composées de nombreux acteurs dont la séquence de tir est asymétrique. Par ailleurs, le parallélisme de données d'une application est inhibé par ce modèle d'exécution.

De nombreuses stratégies d'ordonnancement sont présentées dans [Par95] apportant plus de visibilité à l'ordonnanceur sur la topologie d'un réseau. Elles sont classifiées en trois catégories : les stratégies *data-driven*, les stratégies *demand-driven* et les stratégies mixtes *data-driven/demand-driven*. Une politique d'ordonnancement *data-driven* exécute un acteur lorsque les données en entrée de cet acteur doivent être consommées pour débloquer l'exécution de l'acteur précédent. Une politique d'ordonnancement *demand-driven* exécute un acteur lorsque les données de cet acteur doivent être produites pour pouvoir exécuter l'acteur suivant. La stratégie mixte *demand-driven/data-driven* identifie ces deux évènements pour influencer les décisions d'ordonnancement :

– Lorsqu'un acteur n'est plus en mesure de tirer par manque de données sur une FIFO d'entrée, la stratégie demand-driven est appliquée, l'ordonnanceur exécute le prédécesseur de la FIFO concernée.
– Lorsqu'un acteur n'est plus en mesure de tirer à cause d'une FIFO de sortie pleine, la stratégie data-driven est appliquée, l'ordonnanceur exécute le successeur de cette FIFO.

Contrairement à une politique d'ordonnancement RR où les acteurs sont statiquement affectés à des processus, l'ordonnancement data-driven/demand-driven nécessite l'utilisation d'une pile d'ordonnancement afin de déterminer le prochain acteur à invoquer. Des travaux exploratoires sur ces stratégies sont actuellement effectués au sein de l'IETR, mais sortent du cadre de cette thèse. Cependant, le moteur de configuration d'une MVU peut directement bénéficier de l'application de ces nouvelles stratégies d'ordonnancement pour obtenir de meilleures performances à l'exécution. Nous considérons le modèle d'ordonnancement RR comme un première approche d'ordonnancement peu gourmande en ressource et dotée d'une scalabilité d'exécution suffisante pour la MVU.

3.4.4   Distribution des acteurs entre processus

Une exécution efficace de programme flux de données sur des architectures multi-cœur nécessite une distribution optimale d'acteurs entre processus. Alors qu'une représentation par modèle flux de données autorise les acteurs d'une application à être déployés sur n'importe quel processus, la répartition des acteurs influence directement les performances en exécution de l'application. Ainsi, une distribution aléatoire des acteurs engendre généralement des performances faibles, inférieures à une exécution sur processus unique. Une distribution efficace doit maximiser le nombre de tirs pour chaque invocation d'acteurs et doit minimiser les coûts de synchronisme entre les processus [vP10].

```
<Partitioning>
      <Partition id="0">
              <Instance id="A"/>
              <Instance id="C"/>
              <Instance id="F"/>
      </Partition>
      <Partition id="1">
              <Instance id="B"/>
              <Instance id="D"/>
              <Instance id="E"/>
      <Partition id="2">
</Partitioning>
```

FIGURE 3.9 – Exemple de distribution de DPN composée de 6 acteurs $(A, B,...,F)$ sur 2 processus.

La distribution des acteurs peut être accomplie de manière statique (*i.e. hors-ligne*) ou de manière dynamique (*i.e. à l'exécution*) [BBW10]. Cependant, dans un contexte d'ordonnancement par stratégie RR, les acteurs sont statiquement affectés à un processus et la distribution ne peut évoluer une fois le programme compilé par la MV. Les expérimentations menées dans [ALR+09] montrent qu'un partitionnement efficace sur deux processus peut être obtenu manuellement grâce à la concurrence explicite d'un modèle flux de données. En revanche, cette distribution se complexifie au gré des augmentations du nombre de processus.

Yviquiel [YCWR11] propose l'utilisation d'un algorithme génétique pour tester de manière exhaustive les différentes possibilités de distribution d'acteurs entre processus. Cette distribution se réalise sur un flux donné et est couplée à un évaluateur de performance pour déterminer la distribution ayant obtenu les meilleures performances sur une application et sur un nombre de processus donné. Les résultats de distribution sont très dépendants du flux en entrée et de l'architecture de la machine testée. Son évaluation est également très intensive, elle ne peut donc pas être intégrée dans le moteur de configuration. Ainsi, les résultats d'une distribution optimale pour une application sur un nombre de processus donné doit être fournie à la MVU à la manière d'une information supplémentaire sur un réseau d'acteurs. La figure 3.9 est un exemple XML d'une distribution de DPN sur deux processus.

3.5   Ordonnancement hiérarchique : fusion d'acteurs

Une description DPN à granularité fine expose un grand nombre de parallélisme de tâche et de pipeline adaptée aux plates-formes composées de nombreuses unités de calcul. L'exécution de ce même DPN par un ordonnanceur dynamique sur un nombre réduit de processus engendre, en revanche, des performances faibles liées au coût de synchronisme entre les acteurs.

Pourtant, une rapide observation sur les applications montre que plusieurs régions d'un DPN possèdent des comportements localement statiques. Ces régions au comportement localement statique n'imposent pas d'ordonnancement dynamique, car de nombreuses hypothèses sur leurs comportements peuvent être déterminées à la compilation, *i.e.* à l'étape de configuration de modèle. Un ordonnancement statique sur ces régions permettrait de supprimer l'utilisation de FIFO et de définir une séquence de déroulement d'actions adaptée au mode d'exécution des MV.

Pino introduit dans [PLB95] un modèle hiérarchique réduisant le nombre de sommet d'un graphe SDF par la technique dite de *"fusion d'acteurs"*. La fusion d'acteurs permet de simplifier l'ordonnancement d'un graphe SDF par la réduction des coûts de synchronisme entre acteurs et la maximisation des transferts de données lors des mises en œuvre sur des plates-formes multi-cœurs [HPB08]. Le modèle SDF résultant de cette fusion est un nouveau graphe SDF où chaque sommet représente une *grappe d'acteurs*. Ces grappes disposent ainsi d'un ordonnanceur propre, optimisé en performance et en mémoire pour une exécution sur un processus unique. L'algorithme de *composition* de ces grappes repose sur une approche descendante de génération de hiérarchie, où le point de départ est un graphe SDF sans hiérarchie et où chaque niveau de représentation est généré automatiquement.

Nous proposons d'étendre la notion de hiérarchie d'ordonnancement introduite par Pino sur la représentation générale d'un DPN. Il en résulte une hiérarchie de représentations où les acteurs du niveau supérieur sont des acteurs DPN au sens général (DDF), et qui sont donc ordonnancés de manière dynamique. Les niveaux inférieurs sont des grappes d'acteurs SDF pouvant être ordonnancés de manière statique à l'étape de configuration. Chaque grappe d'acteurs se compose ainsi d'un ensemble d'acteurs dont le comportement est statique (SDF et CSDF) est donné par la RCM ; l'ordonnancement statiques de ces grappes permet de déterminer une règle d'exécution unique sur ces acteurs et valable pour toutes les valeurs de jetons produits par le niveau hiérarchique supérieur. La distribution des acteurs sur plusieurs processus se réalise depuis le niveau supérieur de cette hiérarchie, garantissant une exécution optimale de chaque grappe sur un unique processus [PLB95, KB88, Sar89, Sih92, PKMS89].

3.5.1 Composition d'acteurs SDF

L'objectif principal d'une fusion d'acteurs en un unique sommet de DPN concerne l'obtention d'une séquence valide d'exécution sur chacune des grappes d'acteurs. La première étape de fusion consiste à déterminer si une telle séquence existe. Cette phase s'appelle la *vérification de la consistance* résultant de la fusion ou *calcul des horloges* dans le cadre de graphe SDF [BGJ91].

Si une telle séquence existe, il faut ensuite la déterminer selon la précédence des acteurs fusionnés. Cette étape correspond à l'ordonnancement statique du graphe résultant. Une autre hypothèse primordiale pour prouver l'existence d'un ordonnancement statique concerne l'état des files d'attente sur les arcs. Une séquence SDF est valide à condition qu'il n'y ait ni accumulation, ni famine de données sur ses les arcs de communication. En d'autres termes, l'ordonnancement du graphe est valide si le nombre de jetons stockés dans les files d'attente est continu et revient à son état initial après l'exécution d'une grappe d'acteurs SDF.

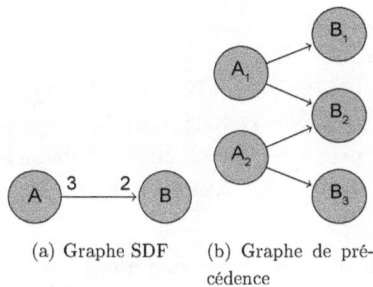

(a) Graphe SDF   (b) Graphe de précédence

FIGURE 3.10 – Graphe SDF avec son graphe de précédence.

Pino [PLB95] introduit un *théorème de composition d'acteurs SDF* garantissant le respect de ces règles. Il permet de valider une fusion entre deux acteurs afin que le comportement général d'une application ne soit jamais altéré. Il se fonde sur le principe qu'un graphe SDF ne conduit à aucun interblocage si et seulement si son graphe de précédence est acyclique [PLB95]. Un graphe de précédence est une représentation couramment utilisée dans le cadre d'ordonnancements de graphe SDF où chaque sommet représente une unique exécution d'acteur SDF.

Nous représentons figure 3.10 la transformation d'un graphe SDF (figure 3.10(a)) en un graphe de précédence (figure 3.10(b)). Un graphe de précédence est homogène, *i.e.* la production et la consommation de jetons est unitaire pour chaque arc du graphe (($\forall e \in E, \quad \pi(e) = \chi(e) = 1$). Le théorème de composition d'acteurs se fonde sur les propriétés de production et de consommation de chaque arc, ainsi que sur la topologie des acteurs pour la vérification de la consistance d'une grappe d'acteurs SDF.

3.5.2   Théorème de composition d'acteurs SDF

La vérification du théorème de composition d'acteurs SDF se définit par le respect de quatre conditions : deux conditions sur les changements de priorité (*first and second precedence shift condition*), une condition sur le retard dissimulé (*Hidden delay condition*) et une condition sur l'introduction de cycle (*Cycle introduction condition*). Nous illustrons des exemples de violations de ces 4 conditions figure 3.11.

Sur chaque exemple de cette figure, le cycle empêchant la fusion des acteurs x et y est marqué par une flèche large dans le graphe SDF (*graphe gauche*) ou dans le graphe de précédence correspondant (*graphe droite*). Les trois premières conditions de changements de priorité (figure 3.11.a) et de retard dissimulé (figure 3.11.b) évitent l'introduction de cycle dans un graphe de précédence provoqué par l'utilisation de retard $\delta(e)$ sur un arc e. La dernière condition concerne l'introduction de cycle dans le graphe SDF, car un cycle de graphe SDF se répercute directement sur son graphe de précédence.

Les méthodes actuelles de classification d'acteurs n'ayant pas la capacité de détection des retards sur les acteurs [WR10], nous déduisons de ces quatre conditions deux règles à respecter pour que la fusion de deux acteurs x et y n'engendrent pas de cycle dans leurs graphes de précédence. Ces règles sont les suivantes, où a et b doivent être évaluées vraies :

a $\mathbf{q}(x)$ et $\mathbf{q}(y)$ étant le nombre d'invocation nécessaire de x et de y pour chaque invocation de graphe SDF, il existe un entier positif k tel que : $\mathbf{q}(y) = k\mathbf{q}(x)$,

b il n'existe aucun *chemin simple* allant de x vers y qui ne contiennent plus d'un arc. Un chemin simple désigne un chemin ne passant pas deux fois par le même arc d'un graphe, *i.e.* dont tous les arcs sont distincts.

La vérification du théorème de composition d'acteurs SDF se déroule ainsi se-

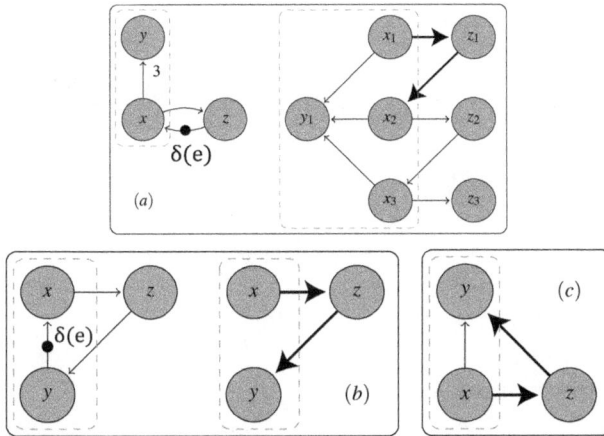

FIGURE 3.11 – Exemple de violation du théorème de composition d'acteurs SDF : violation de la condition *(a)* de changement sur la priorité, *(b)* de retard dissimulé *(c)* d'introduction de cycle.

lon deux étapes : l'annotation des arcs d'un graphe de DPN puis la recherche de candidats à la fusion respectant les règles a et b déduites des règles de Pino.

Annotation des arcs d'un graphe de DPN

La phase d'annotation d'arcs d'un graphe de DPN consiste à identifier tous les arcs $e \in E$ d'un graphe dont la consommation $\chi(e)$ et la production $\pi(e)$ sont connues (*cf.* sec. 1.2.3).

La figure 3.12 est un exemple d'annotation de six acteurs de DPN, où A, B, D sont des acteurs SDF. L'acteur E a un comportement CSDF sur deux cycles ainsi, pour être conforme au modèle SDF, chaque consommation/production sur l'acteur est déroulé sur une période complète ($\chi(e_1) = 2$ avec $e_1 = (D, E)$ et $\pi(e_2) = 3$ avec $e_2 = (E, F)$). Les acteurs C et F sont deux acteurs au comportement dynamique, leurs consommations/ productions respectives ne sont pas connues à la compilation, nous utilisons donc le symbole $*$ pour désigner l'absence de cette information. Les acteurs QSDF disposent de peu d'hypothèse sur leurs consommations/productions à l'étape de configuration, ces acteurs sont également considérés comme des acteurs DDF lors de la phase d'annotation d'arcs.

Les acteurs d'un DPN peuvent avoir plusieurs ports et donc plusieurs connexions entre deux mêmes acteurs. Le graphe résultant de l'annotation est ensuite dupliqué en un treillis T où chaque sommet $i \in V$ du graphe originel possède un ensemble de

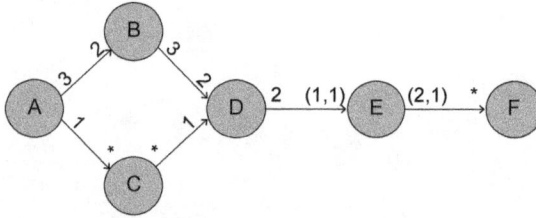

FIGURE 3.12 – Annotation des arcs d'un DPN.

successeurs uniques noté $\text{succ}(i) = \{j \in V \mid (i,j) \in E\}$.

Recherche de candidats à la fusion

La deuxième phase du processus de composition d'acteurs consiste à évaluer la consistance d'une fusion par la validation des règles a et b sur l'ensemble des couples d'acteurs $(x, succ(x) = y)$ du treillis T. La validation de la règle a $(\mathbf{q}(y) = k\mathbf{q}(x))$ implique que tous les arcs e entre x et y où $\{e \in E | src(e) = x, dst(e) = y\}$ possède :

1. un $\pi(e)$ et un $\chi(e)$ connus et valués,

2. un entier positif k tel que $\pi(e) = k\chi(e)$

Chaque couple (x, y) respectant ces deux conditions est ainsi stocké sur une pile de candidat potentiel. La validation de ces candidats potentiels par le théorème de composition implique le respect de la règle b.

Nous considérons le couple $(x, y) \in V$ comme l'élément supérieur de la pile de candidat potentiel d'un graphe G. La règle b définit qu'une fusion est valide entre x et y s'il existe un unique chemin simple reliant ces deux sommets. Nous utilisons donc un algorithme de parcours en profondeur (*Depth First Search* ou DFS) [Tar72] sur le treillis T afin de déterminer le nombre de chemin reliant x à y. Le DFS progresse à partir d'un sommet x en appelant récursivement ces successeurs $succ(x)$ dans le treillis T. La recherche d'un chemin simple entre x et y nécessite que le parcours de chaque sommet par l'algorithme soit marqué pour ne pas être parcouru une deuxième fois.

L'algorithme 3.7 représente la mise en œuvre utilisée pour la détection de cycle dans le graphe G. La fonction $DFS(G)$ est récursive et ne s'arrête que sous deux conditions : lorsque la liste des successeurs de x est vide ou entièrement marqué, et lorsque $x = y$, *i.e.* lorsque le chemin entre x et y est complet. L'application de l'algorithme DFS sur un couple de candidats (x, y) entraine les résultats suivants :

– Si x et y possèdent plus d'un chemin simple, la règle b n'est pas respectée. L'algorithme passe au couple suivant dans la pile des candidats potentiels.

– Si x et y possèdent un unique chemin simple, les règles a et b sont respectées. La fusion entre x et y est alors possible.

Algorithme 3.7: Mise en œuvre récursive du Depth First Search pour la détection de cycle dans un graphe.

Entrée : $G = (V, E, x, succ(x), y)$

1 **if** $x = y$ **then**
2 | Nouveau chemin entre x et y;
3 | **return**;
4 **end**
5 Marquer(x);
6 **foreach** $v \in succ(x)$ **do**
7 | **if** *NonMarqué(v)* **then**
8 | | DFS($G = (V, E, v, succ(v), y)$)
9 | **end**
10 **end**

La fusion entre x et y se déroule selon le procédé suivant :

1. Les sommets x et y sont remplacés dans le graphe G en un unique sommet Ω et qui représente le sous-graphe SDF de x et de y. Si x et/ou y est déjà un sous-graphe Ω alors x et/ou y est ajouté au sous-graphe Ω.

2. La liste des prédécesseurs de x et des successeurs y est mise à jour dans le treillis T de telle sorte que $pred(succ(y)) = \Omega$ et $succ(pred(x)) = \Omega$.

3. Les couples $\{(v, x)|v = pred(x)\}$ et $\{(y, v)|v = succ(y)\}$ présents dans la pile des candidats potentiels sont respectivement remplacés par (Ω, x) et (y, Ω).

La pile de candidat potentiel est ainsi parcouru par l'algorithme jusqu'à ce qu'elle soit vide. La figure 3.13 est un exemple d'application du théorème de composition d'acteurs SDF sur le DPN de la figure 3.12. L'algorithme se déroule selon les étapes suivantes :

1. Lors de la vérification de la règle a, les couples (B, D), (A, B) et (D, E) sont ajoutés à la pile des candidats potentiels.

2. Lors de l'étape de vérification de la règle b, (B, D) et (D, E) sont intégrés dans un unique sous-graphe Ω. Le DFS trouve deux chemins simples (A, Ω) et (A, C, Ω) pour le candidat (A, Ω), ce couple est retiré de la liste des candidats potentiels.

Nous pouvons remarquer qu'il existe, dans ce graphe, une autre solution à la fusion d'acteurs où $\Omega_1 = (A, B)$ et $\Omega_2 = (E, F)$. Le théorème de composition ne

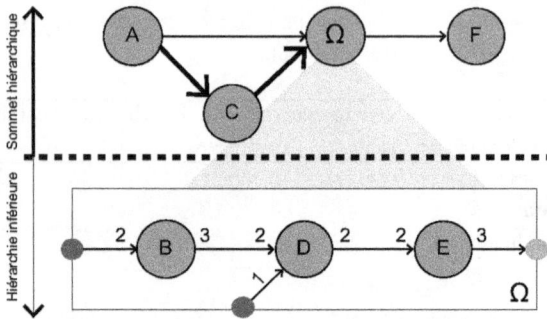

FIGURE 3.13 – Exemple de fusion des sommets D, E, F en un unique sommet Ω. L'arc en gras désigne un cycle empêchant la fusion de A et de Ω.

préconise actuellement aucune solution, le choix de l'une de ces solutions se déroule selon l'ordre des candidats présents dans la pile de candidats potentiels.

3.5.3 Stratégies d'ordonnancement SDF

L'étape d'ordonnancement hiérarchique de DPN consiste à définir une stratégie d'ordonnancement sur chaque sous-graphe SDF. On trouve un grand nombre de stratégies d'ordonnancement statique dans la littérature [BML95, BML97, SKH98, TKS+05, ODH06]. Dans le cas d'une exécution sur processus unique, chacune de ces stratégies s'articule autour de critères de minimisation de la taille du code généré ou de minimisation de la mémoire utilisée sur les canaux de communications.

L'objectif d'une minimisation de taille de code vise à réduire le nombre d'instruction nécessaire à l'ordonnancement du graphe par l'utilisation de boucle lors de l'invocation d'acteurs. Plusieurs occurrences d'un même acteur sur une séquence d'ordonnancement peuvent ainsi être remplacées par une boucle *for* sur une unique invocation. L'ordonnancement SAS (*Single Appearance Scheduling*) [ODH06] constitue une stratégie optimale pour la minimisation de code où toutes les répétitions d'un même acteur se retrouvent côtes à côtes.

Dans le deuxième cas, l'objectif est de minimiser la mémoire de communications entre acteurs. La stratégie *Pull Scheduling* [TKP02] est une stratégie qui évite l'accumulation de jetons sur les arcs d'un graphe. Chaque acteur produit ainsi uniquement le nombre de jetons nécessaires à l'exécution des acteurs suivant. Ce type de stratégie a pour conséquence un plus grand nombre d'invocations d'acteurs pour obtenir une séquence d'exécution valide du graphe. La MVU n'ayant pas de contrainte spécifique sur la taille des canaux de communications, elle dispose cependant de contrainte sur le temps de compilation du code généré par le moteur de configuration. Nous choisissons donc d'utiliser une stratégie SAS pour minimiser la taille du code produit pour l'ordonnancement des sous-graphes SDF.

Ordonnancement d'un sous-graphe SDF par stratégie SAS

La stratégie SAS revient à déterminer la séquence périodique minimale d'invocation d'acteurs dans un sous-graphe SDF, de telle sorte qu'il n'y ait ni accumulation ni famine de jetons sur les arcs. Cette séquence se définit par un *vecteur de répétition* $\mathbf{q} = (q_1, q_2, \cdots, q_n)$ où chaque q_i est le nombre d'invocation de l'acteur i dans le sous-graphe Ω.

Pour qu'il n'y ait aucune accumulation et aucune famine entre deux éléments x et y du vecteur de répétition sur un arc $e = (x, y)$, nous devons respecter la règle d'invocation suivante :

$$\pi(e)q(x) - \chi(e)q(y) = 0$$

Cette équation, ramener à l'ensemble des couple (x, y) du sous-graphe Ω, peut se représenter sous la forme d'une matrice de consommation/production de sommet appelée *matrice de topologie*. Elle se définit par $\Gamma = (\gamma_{i,j})_{1 \leq i \leq m, 1 \leq j \leq n}$ pour un sous-graphe Ω composé de m sommets et de n arcs où :

$$\gamma_{i,j} = \gamma_{i,j}^+ - \gamma_{i,j}^-$$

avec :

$$\gamma_{i,j}^+ = \begin{cases} \pi(i) & \text{si } \mathsf{src}(i) = j \\ 0 & \text{sinon} \end{cases} \qquad \gamma_{i,j}^- = \begin{cases} \chi(i) & \text{si } \mathsf{dst}(i) = j \\ 0 & \text{sinon} \end{cases}$$

Les équations résultantes de $\Gamma \times \mathbf{q} = \vec{0}$ sont appelées les *équations de balance*. Il existe une infinité de solutions à la résolution de cette équation. Ainsi, la solution minimale en entiers strictement positifs définit le *Basis Repetition Vector* (BRV) $\mathbf{q_{BRV}} = (q_1, q_2, \cdots, q_n)$ pour les n sommets du sous-graphe Ω.

La règle a du théorème de composition d'acteurs SDF permet de déduire un entier $k > 0$ pour tous les couples (x, y) de Ω tels que $\mathbf{q}(y) = k\mathbf{q}(x)$. Le nombre d'arc, et donc le nombre de ligne composant la matrice de topologie, peuvent ainsi être réduits par l'utilisation d'un unique coefficient k sur tous les arcs reliant deux mêmes sommets. La résolution de la matrice de topologie se déroule selon la méthode de pivot de Gauss [Pel10] décrit en algorithme 3.8. Cet algorithme possède une complexité maximale de $O(|m|^2|n|)$ pour un sous-graphe Ω [Cor01, Pel10].

Génération de l'ordonnanceur statique de sous-graphe SDF

L'obtention d'une séquence valide sur l'ensemble des acteurs d'un sous-graphe SDF permet l'utilisation d'un ordonnanceur statique unique sur tous les acteurs du

---

Algorithme 3.8: Calcul du BVR d'une matrice de topologie Γ d'un sous-graphe Ω.

Entrée : Une matrice de topologie Γ de taille $|E| \times |V|$

Sortie : Un BVR de taille $|V|$

1   i = j = 1;

2   **while** $i \leq |E|$ *and* $j \leq |V|$ **do**

3   Trouve le pivot un Γ_{kj} avec $k \geq i$;

4   **if** $\Gamma_{kj} \neq 0$ **then**

5   Echanger les lignes i and k;

6   Diviser chaque entrée de la ligne $i$par Γ_{ij};

7   **for** $l = i + 1$ *to* $|E|$ **do**

8   Soustraire $\Gamma_{lj}\times$ligne i depuis la ligne l;

9   **end**

10   i=i+1;

11   **end**

12   j=j+1;

13 **end**

14 BRV $v = (1, 1, 1...)$;

15 **for** $l = |V| - 1$ *to* 1 **do**

16   Résoudre l'equation des lignes l où seul le rationnel v_l est inconnu;

17 **end**

18 Multiplier v par le plus petit multiple commun de v_i, $1 \leq i \leq |V|$;

19 **return** v;

---

sous-graphe, sans l'utilisation d'ordonnanceur d'actions. L'ordonnanceur de sous-graphe devient alors l'unique point d'entrée sur tous ses acteurs lors de l'ordonnancement dynamique du DPN supérieur. Le BRV permet également de déterminer le nombre de données produit et consommé à chaque invocation de graphe, ce qui supprime l'utilisation de FIFO dans les sous-graphes. L'ordonnanceur de graphe doit donc gérer les communications entre acteurs à l'intérieur du sous-graphe et les communications avec les FIFOs à l'extérieur du sous-graphe.

La figure 3.14 est un exemple d'ordonnancement statique pour le sous-graphe Ω de la figure 3.13. Ce sous-graphe possède 3 acteurs (B, D et E), 2 ports d'entrées ($I1$, $I2$) et 1 port de sortie (O) depuis le DPN supérieur. La matrice de topologie de taille $|m| = 3$ et $|n| = 2$ correspondante est la suivante :

$$\Gamma_{\Omega_1} = \begin{pmatrix} 3 & -2 & 0 \\ 0 & 2 & -2 \end{pmatrix}$$

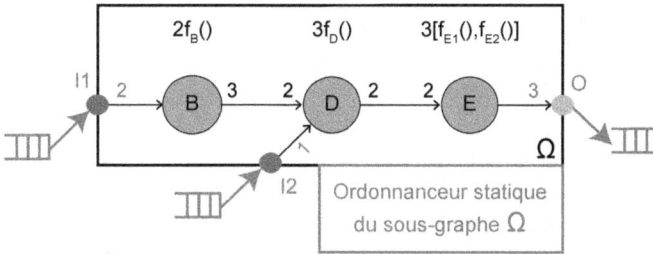

FIGURE 3.14 – Ordonnancement statique d'un sous-graphe Ω où f_B, $[f_{D1}, f_{D1}]$ et f_E correspondent respectivement aux fonctions de tir des acteurs B, D et E.

La résolution de cette matrice par la méthode de pivot de Gauss donne un BRV q de taille $|m| = 3$ où :

$$\mathbf{q} = \begin{pmatrix} 2 \\ 3 \\ 3 \end{pmatrix}$$

A chaque période de Ω, le sommet B nécessite ainsi 2 invocations par l'ordonnanceur statique pour 3 invocations du sommet D et E. A chaque invocation de graphe, $2 \times \chi(B) = 4$ et $3 \times \chi(D) = 3$ jetons sont consommés depuis la FIFO $I1$ et $I2$ du DPN et $3 \times \pi(E) = 9$ jetons sont produits vers la FIFO O. Les consommations sur chaque arc du sous-graphe sont bornées de telle sorte qu'une invocation de l'ordonnanceur produit $2 \times \pi(B) = 2 \times \pi(D) = 6$ sur chaque arc. Nous divisons le code de l'ordonnanceur statique du sous-graphe Ω sur les algorithmes 3.9, 3.10 et 3.11.

Algorithme 3.9: Algorithme d'ordonnancement de l'acteur B.

1   T1 = déclaration d'un tableau 6 jetons;
2   **for** $i = 1$ *to* 2 **do**
3      $Read(x_B, I1, 2)$;
4      $y_B = f_B()$;
5   **for** $j = 1$ *to* 3 **do**
6         $T1[i*3+j] = y_B[j]$;
7   **end**
8   **end**

L'acteur SDF B (figure 3.9) se trouve sur la limite du sous-graphe Ω. Chaque invocation de sa fonction de tir f_B nécessite la lecture (*Read*) de $\chi(B) = 2$ jetons depuis un port $I1$ et le stockage de $\chi(B) = 3$ jetons en sortie sur le tableau $T1$.

L'acteur SDF D (figure 3.10) est également sur la limite du sous-graphe Ω.

Algorithme 3.10: Algorithme d'ordonnancement de l'acteur D.

1　T2 = déclaration d'un tableau 6 jetons;
2　**for** $i = 1$ *to* 3 **do**
3　　$Read(x_D, I2, 1)$;
4　　$y_D = f_D(x_D, T1[i * 2], T1[i * 2 + 1])$;
5　　**for** $j = 1$ *to* 2 **do**
6　　　$T2[i * 2 + j] = y_D[j]$;
7　　**end**
8　**end**

Chaque invocation de sa fonction de tir f_D nécessite également une consommation $\chi(B, D) = 2$ jetons sur le port $I2$ et la récupération de $\chi(I1, B) = 1$ jeton depuis $T1$. L'exécution de f_B nécessite le stockage de $\pi(B) = 2$ jetons de sortie sur le tableau $T2$.

Algorithme 3.11: Algorithme d'ordonnancement de l'acteur E.

1　**for** $i = 1$ *to* 3 **do**
2　　$y_{E1} = f_{E1}(T2[i * 2])$;
3　　$Write(y_{E1}, O, 2)$;
4　　$y_{E2} = f_{E2}(T2[i * 2 + 1])$;
5　　$Write(y_{E2}, O, 1)$;
6　**end**

L'acteur CSDF E (figure 3.10) dispose de deux phases de consommation $\chi(E) = (1, 1)$ et de deux phases de production $\pi(E) = (2, 1)$. Chaque phase de consommation se déroule depuis $T2$ et chaque phase de production vers le port de sortie O.

Il est important de noter que l'ordonnancement hiérarchique présenté dans cette section ne concerne l'exécution de sous-graphe que sur un unique processus. Cette notion implique qu'une région SDF qui inclue la totalité d'une application perd la notion de scalabilité d'exécution du DPN. Ce cas est très rare en pratique et ne sera pas abordé dans le cadre de cette thèse. Il existe cependant des algorithmes d'ordonnancement de graphes SDF adaptés à une exécution multi-cœur [Pel10, Kwo97, PLB95]. L'ordonnancement multi-cœur de ces graphes SDF ne s'effectue alors plus directement sur le graphe SDF, mais sur un ensemble de transformations de ce graphe.

3.6   Recompilation dynamique de modèle flux de données

La plupart des MV actuelles disposent de deux modèles d'exécution de byte-code : par interprétation et par traduction dynamique. L'interprétation démarre instantanément mais possède des performances faibles en exécution. La traduction dynamique requiert un temps de compilation avant l'exécution du bytecode pour produire du code natif mais ses performances sont plus proches d'un programme compilé statiquement.

Dans un contexte de traduction dynamique sur la MVU, le passage de l'exécution d'un programme flux de données à un autre requiert une désallocation du code natif généré par le programme flux de données précédent, puis une adaptation et une compilation vers un code natif du nouveau programme flux de données. Nous avons vu que la norme MPEG RVC produit une VTL fondée sur l'*a priori* d'un grand nombre de technologies de codage, et donc d'acteurs dans la VTL, réutilisables aux travers de plusieurs normes. Nous en concluons que plusieurs acteurs déjà traduis lors d'une première traduction dynamique peuvent être réutilisés dans la suivante. Comme représenté en figure 3.15, le code natif provenant de la traduction des acteurs précédents est ainsi directement réutilisable dans le nouveau programme flux de données, réduisant le temps de compilation nécessaire à son exécution. Nous développons donc dans cette section un algorithme de reconfiguration de programme flux de données, permettant de réutiliser le code natif d'un programme compilé précédemment pour la compilation d'un nouveau programme.

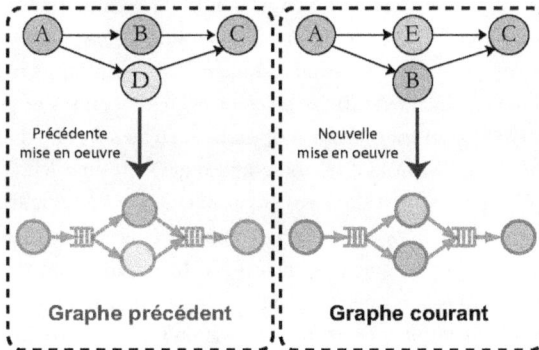

FIGURE 3.15 – Exemple de reconfiguration où les instances A, B et C peuvent être réutilisées d'un graphe à l'autre.

3.6.1   Reconfiguration d'un programme flux de données

Les trois fonctions essentielles d'une reconfiguration d'application sont l'*observation*, la *décision* et l'*adaptation* [Bui05, ESA03, ACV+06]. La fonction d'observation permet à un système de connaitre l'état de l'environnement d'exécution d'un programme à un instant donné. La fonction de d'adaptation modifie la configuration du système de manière à ce qu'il soit adapté au nouveau contexte, *i.e.* au nouveau programme flux de données. La décision est donc l'intelligence de l'adaptation, elle choisit une adaptation adéquate en fonction de l'ancien et du nouveau contexte.

On distingue deux types d'approche de reconfiguration dans le domaine de la compilation dynamique : la reconfiguration *statique* et la reconfiguration *dynamique* [Bes10]. La reconfiguration *statique* se réalise avant ou au début de l'exécution de l'application. L'adaptation du programme flux de données se réalise à la compilation ; la reconfiguration prend alors la forme d'une recompilation partielle d'un programme. Elle peut également se réaliser au lancement de l'application, par l'intermédiaire de paramètres ou de fichiers de reconfiguration [NL04]. Dans ces deux cas, il est nécessaire de connaitre le contexte d'exécution au moment de l'adaptation du programme. Le contexte d'exécution correspond à l'ensemble des éléments qui influencent le système lors de son exécution. Ce contexte prend en compte à la fois l'environnement physique (matériel et logiciel) mais aussi l'attente des utilisateurs. Une telle adaptation n'aura donc de sens que si ce contexte ne varie pas lors de l'exécution.

Si la reconfiguration est effectuée au cours de l'exécution de l'application, la reconfiguration est alors *dynamique*. L'adaptation et la compilation peut intervenir plusieurs fois au cours de l'exécution d'une application. Ce cas est adapté lorsque le contexte d'exécution peut changer à tout moment. Ces variations sur les caractéristiques de l'environnement d'exécutions peuvent avoir différentes origines [Dav05] : les variabilités spatiales qui sont liées à la diversité de plates-formes d'exécution dans un système distribué et les variabilités temporelles qui sont dues à la dynamicité des systèmes. L'application requiert dans ces environnements un mécanisme de reconfiguration dynamique, ce qui va accroitre sa complexité de mise en œuvre. En effet, le processus d'adaptation ne doit pas entraver le fonctionnement de l'application. Il est nécessaire de trouver à quel moment l'exécuter et aussi comment appliquer correctement les modifications. Dans un contexte de reconfiguration de modèle flux de données, ces moments sont identifiés par les points de repos (*quiescent points*) des acteurs [NL04], où un acteur n'est ni dans une phase de tire, ni dans une phase de test de ses règles de tirs.

L'environnement *OneCodec* (*cf.* section 2.3.1) présente une approche dynamique pour la reconfiguration de ses décodeurs. Elle se réalise par des décisions à l'intérieur de la description du décodeur sur l'ajout et le retrait de fonctions durant la phase de décodage. Ce type de reconfiguration ouvre la voie à de nombreux algorithmes fondés sur le codage adaptatif, où les opérations du décodeur sont modifiées à la volée selon les statistiques de la source de données [TLT03, DH95], ou les propriétés du canal de transmission [SC99, SC99].

Cependant, une reconfiguration par décisions contraint un décodeur (*e.g.* dans l'environnement *OneCodec*, le lecteur *OneCode*) à ce que les reconfigurations à appliquer, et donc les décisions, soient prévues par le codeur de contenu. Dans un contexte MPEG RVC, la norme MPEG-B partie 4 ne prévoit aucune information pour la description de décisions de reconfiguration dans un graphe flux de données. De plus, la MVU dispose d'un environnement d'exécution fixe : la plate-forme hôte possède les mêmes caractéristiques spatiales et temporelles entre et durant l'exécution d'un programme flux de données. Afin de rester conforme à la norme MPEG-B partie 4 et de minimiser la complexité de la recompilation, nous limitons donc la reconfiguration d'un programme flux de données à une reconfiguration *statique* du programme flux de données. Cette reconfiguration ne s'applique alors que lors d'un changement de contexte, *i.e.* un nouveau flux à traiter sans dépendance de données avec le flux précédent et une nouvelle description de décodeur conforme à MPEG-B partie 4.

3.6.2 Observation et décision de changement dans un graphe flux de données

La délimitation d'une reconfiguration à un changement de contexte simplifie très largement le problème de recompilation dynamique sur les programmes flux de données de la MVU, puisqu'elle nécessite peu d'information lors de la phase d'observation. Considérons une configuration de modèle flux de données $Cc = (Ac, Gc)$ avec :

- Ac est l'ensemble des acteurs identifiés dans la configuration courante,
- $Gc = (Vc, Ec)$ est le graphe flux de données de la configuration courante. Vc est l'ensemble des sommets et donc des instances du graphe. Ec est l'ensemble des arcs et donc des canaux de communications du graphe.

Lors du premier démarrage de cette configuration, les instances Ec sont dans leurs états initiaux $\Sigma c = \sigma c_0$ et les canaux de communications contiennent une séquence vide de jetons $X = \perp$. A l'instant d'un changement de contexte, *i.e.* lors de la réception d'un nouveau flux à traiter et d'une nouvelles configuration de programme flux de données, les instances Vc sont dans un état Σ données et les canaux de communications Ec contiennent une séquence $X = [x_1, x_2, ...]$ possible de jetons.

Notons de manière équivalente cette nouvelle configuration $Cn = (An, Gn)$ avec $Gn = (Vn, En)$ le nouveau graphe avec une nouvelle topologie d'arc En et de nouvelles instances représentées par Vn. L'intersection $A_i = A_c \cap A_n$ représente alors l'ensemble des acteurs communs entre la configuration Cn et Cp. Lors du démarrage de cette nouvelle configuration, les instances En sont dans les états initiaux $\Sigma n = \sigma n_0$ et les canaux de communications contiennent à nouveau une séquence vide de jetons $X = \bot$.

Un changement de contexte ne nécessite pas d'observation sur l'état des canaux de communications car l'ensemble Ec n'a aucune dépendance avec En lors d'un changement de contexte. L'état courant Σc des instances Vc n'ont également aucune dépendance avec l'état initial $\Sigma n = \sigma n_0$ des instances Vn. Nous limitons donc l'observation et l'adaptation nécessaire à la prise en compte des trois décisions suivantes :

- les instances à *supprimer*, notées $\ominus$, du contexte précédent,
- les instances à *ajouter*, notées $\oplus$, dans le nouveau contexte,
- les instances à *réutiliser*, notées $\odot$, entre ces deux contextes.

Nous appliquons l'algorithme d'observation et de décision suivant :

1. Chaque instance $v_c \in Vc$ du graphe Gc est marquée $\ominus$ si et seulement si l'acteur qu'il référence $a \notin A_i$

2. Chaque instance $v_n \in Vn$ du graphe Gn est marquée $\oplus$ si et seulement si l'acteur qu'il référence $a \notin A_i$

3. Chaque occurrence de $v_n \in Vn$ du graphe Gn référençant un acteur $a \in A_i$ à une seule et même occurrence $v_c \in Vc$ de a dans Gc. Nous marquons alors $v_n \odot v_c$.

4. Les instances $v_n \in Vn$ n'ayant plus d'occurrence restant dans Vc sont marquées $\oplus$.

5. Les instances $v_c \in Vc$ n'ayant pas d'occurrence dans Vn sont marquées $\ominus$.

Par l'application de cet algorithme, chaque élément de l'ensemble $v_c \in Vc$ est ainsi soit marqué d'une décision $\ominus$, soit marqué par une décision $\odot$ avec une occurrence $v_n \in Vn$. Inversement, chaque élément de l'ensemble $v_n \in Vn$ est soit marqué d'une décision $\oplus$, soit marqué par une décision $\odot$ avec une occurrence $v_c \in Vc$. Nous pouvons ainsi appliquer l'adaptation adéquate à ces trois évènements.

3.6.3   Adaptation du programme flux de données

L'observation et la décision permet d'obtenir un processus d'adaptation de programme flux de données disposant des qualités suivantes :

- *cohérence* : L'adaptation d'un programme flux de données ne nécessite pas de détection de point de quiescence à fois dans les canaux de communications et sur l'état de l'acteur, réduisant le processus d'adaptation à une simple recompilation.
- *transparence* : Du point de vue du diffuseur de contenu comme du point de vue de l'utilisateur, il n'est pas nécessaire d'inclure une sémantique de décision dans le décodeur transmis. L'intelligence de l'adaptation se trouve ainsi uniquement dans la MVU.
- *efficace* et *scalable* : Lorsqu'une nouvelle description de programme flux de données (*e.g.* un décodeur MPEG RVC) est similaire au contexte précédent, l'ensemble des acteurs peut être réutilisés, la traduction dynamique est optimisée car l'exécution du nouveau programme ne nécessite que peu d'adaptation. Si l'ensemble des instances d'une nouvelle description de programme flux de données est disjointe à l'ensemble des instances du contexte précédent, la traduction dynamique sur ce système est *totale*.

La règle d'adaptation présentée sur ces décisions ne prend pas en compte la reconfiguration du modèle d'ordonnancement. En effet, alors qu'une reconfiguration d'un ordonnanceur à stratégie RR ne nécessite que le retrait ou l'ajout d'un appel de l'ordonnanceur d'acteur dans l'ordonnanceur d'acteurs, un ordonnancement statique nécessite de prendre en compte les dépendances de consommation/productions interacteurs sur les arcs du graphe. Ainsi, lors de la phase d'adaptation du graphe Gc vers Gn dans la solution que nous proposons, l'ensemble des arcs Ec de Gc sont désalloués de la mémoire et l'ensemble des ordonnanceurs, dynamiques et statiques, du graphe Gc est également supprimé du code natif.

Chaque décision sur les instances $v = Vc \cup Vn$ nécessite alors les décisions suivantes :

- $\ominus$: le code natif correspondant à v est désalloué de la mémoire, incluant tous les éléments de description de la RCM et l'ordonnanceur d'action associé.
- $\oplus$: la RCM de l'acteur correspond est traduit dynamiquement en code natif et l'ordonnanceur d'action correspondant est généré.
- $\odot$: l'acteur $v_c \in Vc$ pointé par la décision est liée à l'acteur $v_n \in Vn$ correspondant. Son état en mémoire est réinitialisé et ses paramètres d'instanciation, fixés par le nouveau graphe Gn, sont assignés à l'acteur.

Les canaux de communications selon Ec et les ordonnanceurs d'acteurs sont finalement ajoutés et traduit dynamiquement par la MV afin de reconstituer le programme final.

3.7   Conclusion

Nous avons présenté dans ce chapitre les trois éléments clefs pour la configuration et l'exécution dynamique d'une modélisation de programme par graphe de flux de données, à savoir :

1. Une *représentation* d'un "langage universel" dédiée à la programmation orientée acteur, la RCM, réalisant l'abstraction des instructions des machines et des architectures de machine,

2. Un exemple de *transformation* de la RCM conservant l'aspect flux de données de la représentation d'un graphe, mais simplifiant son exécution sur les MV,

3. Un *modèle d'ordonnancement* d'acteurs réalisant l'adaptation de l'abstraction de l'architecture des machines vers une représentation adaptée à une exécution sur l'architecture de la machine hôte.

La dernière phase de transformation sur le modèle flux de données afin de le rendre "exécutable" consiste à transformer la représentation abstraite des instructions comprises dans la RCM (V-ISA) en une ISA de la machine hôte. Les contributions théoriques de ce chapitre ne privilégient l'utilisation d'aucune V-ISA particulière, et donc ne privilégie aucune MV. Le développement d'une MVU, adaptée au langage universel de la RCM, nécessite la sélection d'une MV parmi la multitude de MV présente dans la littérature.

Nous présentons dans le chapitre suivant les critères de sélection d'une MV et nous justifierons le choix d'utilisation de l'infrastructure de compilation Low-Level Virtual Machine (LLVM). Le choix d'un bytecode spécifique permet la conception de la RCM à partir de sa V-ISA et le développement d'une MVU comprenant la MV de son architecture.

Chapitre 4

Architecture logicielle : Machine Virtuelle Universelle (MVU)

Ce chapitre présente les contributions pratiques de cette thèse pour le développement de la MVU.

Les contributions théoriques présentées dans le chapitre précédent se fondent sur le fonctionnement de la plupart des MV actuelles. La première étape de développement d'une MVU consiste à sélectionner une MV parmi celles déjà existantes. Nous justifions cette sélection section 4.1. Il est ensuite nécessaire de développer un générateur de RCM adapté à la sémantique de cette MV. Nous détaillons section 4.2 les propriétés de V-ISA de la MV sélectionnée et les étapes de transformation d'un acteur RVC-CAL en RCM. Enfin, nous développons section 4.3 une structure d'adaptation de cette MV pour son augmentation vers le support des modèles flux de données. La MVU est finalement intégré à l'environnement GPAC afin de fournir une interface graphique à son utilisation.

Nous concluons ce chapitre section 4.4 par une analyse sur les résultats obtenus.

4.1 Technologies retenues pour la MVU

La performance et la portabilité sont les deux points cruciaux qui vont guider la sélection d'une MV. En effet, dans un contexte de décodage vidéo, les applications sont extrêmement gourmandes en ressource de calcul. Généralement, les ordinateurs personnels possèdent la puissance nécessaire à l'utilisation de ces décodeurs, mais les plates-formes embarquées ont des contraintes fortes en termes de consommation de ressources et d'énergie. Ainsi, un impact trop important provoqué par l'utilisation d'une MV sur les performances écarterait la MVU d'une portabilité sur plate-forme embarquée.

4.1.1   Les machines virtuelles candidates

Il existe de nombreuses MV développées pour des langages et des besoins différents. Dans un contexte de décodage vidéo, une première solution triviale pour le choix d'une MV serait d'utiliser de l'Universal Video Decoder (UVD) [RKB+09] (*cf.* section 2.3.1) pour son adaptation vers le support des modèles flux de données. Cependant, son modèle d'exécution est uniquement fondé sur l'interprétation, ses performances en exécution sur des applications optimisées sont 72,5% plus faibles que celles d'un décodeur C++ décrit à la main [KPBR10]. En outre, la faible portabilité de l'UVD, due à sa relative jeunesse et à sa faible popularité, est une limitation forte dans un contexte de MVU.

Nous concentrons ainsi notre recherche sur les MV disposant d'une large communauté de développeurs et d'utilisateurs. Les deux MV HLL actuellement majoritaires dans les systèmes informatiques sont la *Java Virtual Machine* (JVM) de Sun Microsystems [LY99] et le *Microsoft Common Language Infrastructure* (CLI) [MR04] de Microsoft. Ces deux MV se fondent sur le modèle de fonctionnement par pile présenté du chapitre 1.1.3. Dans le domaine des MV fondées sur les machines à registre (*cf.* 1.1.3), *Parrot* [RST04] pour Perl 6 et la MV *Low-Level Virtual Machine* (LLVM) [Lat02] disposent d'une communauté très active. Le tableau 4.1 présente les différentes caractéristiques de ces MV.

MV	Modèle de machine	JIT	Interprétation	Code sécurisé	Typage dynamique
CLI	Pile	✔		✔	✔
JVM	Pile	✔	✔	✔	
Parrot	Registre	✔	✔		✔
LLVM	Registre	✔	✔		

TABLEAU 4.1 – Caractéristiques des MV JVM, CLI, Parrot et LLVM.

La traduction dynamique (JIT) est une caractéristique commune à l'ensemble des MV sélectionnées. Elle est primordiale pour obtenir des performances proches d'une exécution statique de code. Cependant, l'utilisation d'un interpréteur est également synonyme d'une plus grande portabilité sur les MV. En effet, les interpréteurs sont généralement plus simples à intégrer aux plates-formes et peuvent avantageusement remplacer une traduction dynamique lorsque celle-ci n'est pas disponible sur une plate-forme donnée.

La *sécurité de code* renvoie au modèle d'abstraction utilisé par le bytecode d'une MV. Les MV HLL utilisent des modèles de programmation, Java et C#, interdisant l'utilisation directe de pointeur vers les mémoires. Les MV sont ainsi capables de garantir une utilisation et une gestion sécurisée de cette mémoire, notamment par l'utilisation d'un ramasse-miette (*garbage collector*). Les MV Parrot et LLVM possèdent un fonctionnement plus proche de celui des machines physiques autorisant un accès aux pointeurs et leur manipulation. Le modèle flux de données ayant des espaces mémoires cloisonnés et connus à la compilation pour chaque acteur et pour chaque FIFO, il ne nécessite qu'un très petit nombre de cycles d'allocation/désallocation sur la mémoire durant toute l'exécution du programme. La sécurité de code, bien qu'appréciable, n'est donc pas un facteur déterminant pour le choix d'une MV.

Le typage dynamique concerne également le niveau d'abstraction du *bytecode*. Par opposition au typage statique, il définit le type de ses données à l'exécution. Les déclarations de variable dans le bytecode sont alors non-typées et ce sont les valeurs affectées aux variables qui définissent les types. L'importante flexibilité du typage dynamique induit généralement un surcoût important sur la consommation de mémoire d'un programme et sur ses performances due aux indirections sur les variables. Le langage RVC-CAL étant fortement typé pour ces mêmes raisons, le typage dynamique est considéré comme une fonctionnalité superflue de la MVU. Cette considération peut être cependant réévaluée dans le cadre d'une programmation CAL car, par opposition au langage RVC-CAL, le langage CAL n'impose pas de type aux variables.

4.1.2 Portabilité des machines virtuelles

La portabilité des MV implique dans un premier temps l'existence d'une MV développée spécifiquement pour une combinaison plate-forme/SE. Le tableau 4.2 liste les portabilités officielles des MV choisies.

MV	SE	Architecture
CLI	Windows	x86/64 et IA-64
Parrot	Windows, Linux, Solaris (...)	x86/64, PPC
JVM	Windows, Linux, Solaris (...)	x86/64, PPC, ARM, SPARC (...)
LLVM	Windows, Linux, Solaris (...)	x86/64, PPC, ARM, SPARC (...)

TABLEAU 4.2 – Portabilités des MV entre architecture de machine et de SE.

Le comportement similaire d'une même application sur plusieurs machines est un objectif techniquement difficile à atteindre. Le comportement des threads, par exemple, est généralement très différent d'un SE à un autre. Une même mise en œuvre sur SE d'une API POSIX [But97], normalisée par l'IEEE, peut ne pas supporter la notion de priorité (*e.g.* AIX), alors que d'autres mises en œuvre UNIX la supportent (*e.g.* IRIX). Dans le premier cas, chaque threads possède une tranche de temps alloué pour à chaque exécution de threads ; dans le second, chaque thread est autorisé à être exécuté jusqu'à ce qu'il soit explicitement stoppé par le processus, ou qu'un thread de priorité supérieure prenne le contrôle du système. Cette différence sur l'exécution de threads est souvent à l'origine de nombreuses erreurs et d'incohérences lors du portage des applications sur différentes plates-formes (le fameux " *Write once, debug everywhere*" de Java) [PSL$^+$98]. La popularité d'une MV est un critère déterminant pour obtenir une véritable transparence d'exécution sur différentes machine, car elle implique de nombreux travaux et une fiabilité accrue pour chaque développement de MV selon les caractéristiques de la machine hôte.

Nous excluons donc de la liste de portabilité de VM les projets de portabilisation de CLI. Par exemple, la MV Portable.NET du projet DotGNU [1] pour SE Linux est un projet annexe à la CLI qui ne dispose d'aucun support officiel par Microsoft. La JVM et LLVM possède donc un avantage évident du fait de leurs plus portabilité, car cette portabilité inclut également les plates-formes embarquées à base d'architecture ARM [Sin03]. Nous concentrons donc la partie suivante sur le choix entre ces deux VM.

4.1.3   Comparaison des performances LLVM/JVM

Une architecture de MV fondée sur le fonctionnement d'une pile ou sur les registres n'est pas un critère prégnant pour le choix d'une MV [SGBE05]. On trouve dans la littérature un ensemble d'arguments prônant l'utilisation des registres [DBC$^+$03, GBC$^+$05, Mye77] et un ensemble de contre-arguments en faveur d'un modèle par pile [SM77, MB99]. D'une manière générale, l'architecture des piles dispose de tailles d'instruction plus courtes que les machines à registre mais requiert plus d'instructions pour un même calcul.

Nous établissons un test de performances de ces deux VM sur les applications de référence MPEG RVC à savoir le décodeur MPEG-4 SP et le décodeur MPEG-4 AVC, tous deux présentés section 2.2. Le but est d'évaluer l'impact d'une compilation dynamique depuis la JVM et depuis la LLVM sur les performances, par rapport une application compilée statiquement. Les descriptions *C* et *Java* de décodeurs sont obtenues dans un premier temps par la synthèse de ces décodeurs dans l'environnement de développement Orcc. Les décodeurs générés incluent un ordonnanceur d'actions équivalent à celui présentée en section 3.3 et une stratégie RR pour l'ordonnancement des acteurs (*cf.* section 3.4). La description LLVM des décodeurs est obtenue par une transformation de la synthèse obtenue en *C* depuis Orcc par le front-end [2] *C* de l'infrastructure LLVM.

---

1. site officiel du projet DotGNU : http ://www.gnu.org/software/dotgnu
2. LLVM-GCC est disponible à l'adresse suivante : http ://llvm.org

Le tableau 4.3 présente les résultats obtenus sur un processeur Core2Duo cadencé à 2.40 GHz avec *Windows 7*. Des tests similaires ont également été réalisés sur *Mac OS X 10.5* et *Ubuntu 9.10* et obtiennent des résultats équivalents.

	C	Java	LLVM
MPEG-4 SP	26,7 fps	7,0 fps	24,9 fps
MPEG-4 AVC	34,9 fps	5,5 fps	34,4 fps

TABLEAU 4.3 – Performances des décodeurs MPEG-4 SP et MPEG-4 AVC sur la JVM (Java) et sur la LLVM en traduction dynamique (JIT) par rapport à une compilation statique d'une même application décrite en C. Les séquences de référence sont respectivement de taille CIF (352 × 288) pour MPEG-4 SP et de taille QCIF (176 × 144) .

Ces tests de performances montrent qu'une traduction dynamique en passant par la LLVM a un faible impact sur les performances comparée à une compilation statique de code C. En revanche, l'utilisation de la JVM avec une représentation Java réduit les performances de ce même décodeur par 7. Ce facteur s'explique par le fait que Java n'a aucune notion de pointeur. Ainsi tous les accès aux FIFOS du décodeur impliquent une copie de mémoire avec une série d'allocations/désallocations de variable, ce qui provoque une utilisation massive du garbage collector, par ailleurs, très gourmand en termes de ressources [SPT02].

La LLVM est donc la MV la plus adaptée au besoin de la MVU, ses caractéristiques sont minimales, et ses performances proches d'une compilation statique d'application. Elle dispose d'une grande portabilité sur des architectures X86, X86-64, PowerPC, PowerPC-64, ARM, Thumb, SPARC, Alpha, CellSPU, MIPS, MSP430, SystemZ, et XCore ainsi que sur la plupart des SE des machines [LA04]. Elle dispose en outre d'un ensemble de librairie facilitant l'intégration de sa MV à l'intérieur de l'architecture de la MVU. Les caractéristiques de son V-ISA, appelée Low-Level Virtual Instruction Set Architecture ou LLVA [ALB+03], sont discutées dans la section suivante.

4.2   Génération de la RCM

Cette partie est consacrée au développement d'une plate-forme de test pour la compilation dynamique de plate-forme RVC. Elle est structurée en deux parties qui concernent :

1. la solution de compilation d'une VTL sous forme CAL vers une représentation en *bytecode* LLVM.

2. la solution de configuration dynamique de décodeur fondée sur la LLVM.

4.2.1 Low-Level Virtual Instruction Set Architecture

Le facteur clé différenciant LLVM des autres MV est la V-ISA sur laquelle elle repose. LLVA est un jeu d'instructions bas niveau, proche de l'assembleur, qui utilise les opérations clefs de processeurs conventionnels et qui évite les contraintes spécifiques liées à certain types de processeurs, tels que l'utilisation de registres physiques ou de technique de pipeline. La LLVA est un jeu d'instruction bas-niveau qui offre des informations haut niveau pour l'analyse et l'optimisation d'une application par un compilateur. Pour plus d'informations sur les choix de *design* de la LLVM, le lecteur est invité à lire la thèse de son concepteur [Lat02]. Ses caractéristiques principales sont :

- l'utilisation d'*un nombre infini de registres virtuels* contenant n'importe quel type de valeurs primitives (entier, vecteur, virgule flottante et pointeur),
- la forme *Static Single Assignment* (SSA) des registres virtuels et les opérations sous la forme *Three Address Code* (3AC), ces deux caractéristiques étant largement utilisées pour l'optimisation [Muc97],
- les *transferts de valeurs entre registre et mémoire* se font explicitement par des opérations de *load* et de *store* sur des pointeurs,
- une *représentation explicite* par graphe du flux de contrôle (*Control Flow Graph* ou CFG) de l'application,
- un *ensemble de métadonnées extensibles* directement intégré dans la LLVA.

Le jeu d'instructions LLVA est composé de 52 codes d'opération (*opcode*) pouvant être surchargés, *i.e.* une même opcode peut s'appliquer à un entier ou un vecteur. Chaque opérande est strictement typé avec une taille explicite : un entier sur un bit est typé *i1*, un entier sur deux bits est typé *i2*, etc. LLVM possède ainsi un type *entiers de taille fixe*, et exactement cinq types dérivés : *pointeurs, tableaux, vecteurs, structures* et *fonctions*. La LLVA ne supportant aucune opération sur deux types mixtes de données, la conversion de type est explicite dans le code. Elle se réalise par un ensemble d'instructions de *coercition* pour l'extension de type (*zext, sext*), la réduction de type (*ztrunc*) ou les opérations de coercition ascendante et descendante sur les pointeurs (*cast*), *e.g.* une structure de données vers un entier. Une instruction spécifique *getelementptr* permet d'accomplir les opérations arithmétiques sur les pointeurs pour l'accès à un élément d'une structure de données ou une valeur d'un tableau d'entier.

Les variables globales sont identifiées par "@" tandis que les registres locaux commencent par "%". Tous les opcodes LLVA sont sous la forme 3AC, *i.e.* ils contiennent un ou deux opérandes et produisent un unique résultat sur un registre. La figure 4.1

illustre l'addition de deux variables a et b sur c en LLVA.

```
add:
%0 = load i32* @a ;Chargement de a de type i32
%1 = load i8* @b ; Chargement de b de type i8
%2 = zext i8 %1 to i32; Extension du type de b vers i32
%3 = add i32 %0, %2 ; Addition de a et b
store i32 %2, i32* c ; Stockage du résultat sur c
br %next ; branchement vers le prochain basic bloc
```

FIGURE 4.1 – *BasicBloc add* en LLVA qui ajoute la variable mémoire a à la variable mémoire b et stocke le résultat vers la variable mémoire c.

La forme SSA [AH00] de la LLVA impose chaque registre, dans notre exemple %0, %1 et %3, d'être assigné une seule et unique fois par un opcode. Cette forme améliore l'optimisation sur les instructions car elle simplifie les propriétés d'utilisation des registres. Ces algorithmes d'optimisations permettent notamment la propagation de constantes [WZ91], l'élimination de code mort [KRS94] ou encore l'allocation de registres [HG06].

La représentation explicite du CFG en LLVA se réalise par le découpage de fonctions en un ensemble de bloc de base (*BasicBloc*). Chaque BasicBloc se compose d'une étiquette, d'un ensemble d'instructions LLVA et se termine obligatoirement par une opération de terminaison de bloc (un branchement direct ou conditionnel *br* ou une instruction de retour *ret*). LLVA comprend également une instruction *phi* explicite pour l'assignation de registres conditionnellement au CFG.

Les métadonnées LLVA se divisent en deux catégories : les métadonnées nœuds (*Node*) et les métadonnées à nœuds nommés (*NamedNode*). Les métadonnées *node* correspondent à des n-uplets de valeurs ou de fonctions décrits en LLVA où chaque *node* dispose d'un identifiant numérique. Les métadonnées disposent également de deux types spécifiques pour décrire des chaînes de caractères (*String*) et d'autres métadonnées (*metadata*) de telle sorte que :

```
!23 = !{ i32 4, !"foo", i32 *@G, metadata !22}
```

est une métadonnée associée à l'identifiant 23 contenant une valeur 4, une chaine de caractère *foo*, une variable globale G et une autre métadonnée dont l'identifiant est 22.

Les métadonnées *NamedNode* fournissent un nom d'accès vers un n-uplet de métadonnées *node*. Par exemple :

```
!actions = !{ !1, !2, !4212 }
```

associe un nom *actions* aux métadonnées 1, 2 et 4212.

4.2.2   Le générateur de code ORCC

Il existe deux solutions pour pouvoir effectuer une génération de RCM depuis un acteur RVC-CAL. La première est de développer un nouveau *front-end* RVC-CAL dans l'infrastructure de compilation LLVM, ce qui implique le développement d'un parseur de syntaxe RVC-CAL vers les outils de génération de code LLVM. La deuxième solution est de développer un nouveau générateur de RCM à l'intérieur des logiciels de synthèse de programme RVC-CAL.

Notre choix s'est porté sur la deuxième solution, et particulièrement, sur l'environnement de développement Orcc présenté en section 2.2.1. En effet, la RI utilisée par Orcc comprend un grand nombre de propriétés similaires à la LLVA :

- elles sont toutes deux représentées sous la forme SSA,
- elles utilisent des types d'entiers de largeurs arbitraires,
- elles utilisent une représentation explicite du CFG proche l'une de l'autre,
- de nombreuses instructions ont des équivalences directes, *e.g.* une utilisation de *load* et de *store* explicite pour le chargement et le stockage de données.

```
<inputs name="X">
  <type xsi:type="Int" size="9"/>
</inputs>
<inputs name="Y">
  <type xsi:type="Int" size="9"/>
</inputs>
<outputs name="Z">
  <type xsi:type="Int" size="10"/>
</outputs>
<parameters name="Min">
  <type xsi:type="Int" size="10"/>
</parameters>
<parameters name="Max">
  <type xsi:type="Int" size="10"/>
</parameters>
```

FIGURE 4.2 – Description de la signature de l'acteur Algo_Add normalisée dans MPEG-C partie 4 en représentation intermédiaire Orcc.

La RI Orcc est une représentation sérialisée en XML d'un acteur RVC-CAL. Chaque back-end Orcc se fonde sur l'outil *StringTemplate* [Par06] pour passer d'une RI XML vers un code cible. L'utilisation de *templates* simplifie la phase de traduction de RI en passant par des formulaires (*templates*) plutôt que par un arbre syntaxique abstrait (*AST*). La thèse [Wip10] développe l'ensemble de ces propriétés.

```
<inputPattern>
        <variables name="X">
                <type xsi:type="List">
                        <sizeExpr xsi:type="Int" value="1"/>
                        <type xsi:type="Int" size="10"/>
                </type>
        </variables>
</inputPattern>
```

FIGURE 4.3 – Exemple de motif (*pattern*) d'entrée de l'acteur Algo_Add sur l'entrée X en représentation intermédiaire Orcc.

A titre d'exemple, la figure 4.2 présente la signature de l'acteur "Algo_Add" normalisée dans MPEG-C partie 4. Le code source RVC-CAL de cet acteur se trouve figure 2.4 du chapitre 2. Cet acteur dispose de deux paramètres (Min et Max), de deux entrées (X et Y) et d'une sortie (Z). Une RI Orcc se compose d'un n-uplet d'information hiérarchique sur un acteur RVC-CAL. Chaque variable, port ou paramètre est accompagné par un identifiant, un type et une taille de type.

Une action RVC-CAL est décrite selon trois informations : le pattern d'entrée et de sortie (figure 4.3), une information de garde et une information de corps, ces deux dernières étant composées de variables locales (figure 4.4) et d'une suite d'instructions (figure 4.5).

```
<locals name="x">
        <type xsi:type="Int" size="9"/>
</locals>
```

FIGURE 4.4 – Variable locale x en représentation intermédiaire Orcc.

Le pattern d'entrée et de sortie indique la signature d'une action et la taille de jetons consommées. Ainsi, l'entrée X en figure 4.3 possède une consommation définie par la balise *sizeExpr* d'un jeton de taille 10.

Les variables locales permettent de définir les variables utilisées dans le corps et le guard pour rendre les instructions conformes à la forme SSA. Les instructions de la RI Orcc agissent soit sur des variables, soit sur une expression. Son jeu d'instruction comprend 9 opcodes notamment pour l'assignation (*assign*), le chargement (*load*), le stockage (*store*) ainsi que pour le branchement conditionnel *if* et *while*. La figure 4.5 est un exemple d'instructions de chargement d'une variable affecté au port X (figure 4.3) vers une variable locale x (figure 4.4).

```
<instructions xsi:type="Load">
        <indexes xsi:type="Expr" value="0"/>
        <source variable="X"/>
        <target variable="x"/>
</instructions>
```

FIGURE 4.5 – Instruction *Load* en représentation intermédiaire Orcc.

A chaque élément de la RI Orcc, y compris les instructions, correspond un formulaire dans le moteur de génération StringTemplate. La figure 4.6 est un fragment du formulaire de génération de code *C*. Une instruction *Load* possiblement indexée est ainsi transformer en *C* par assignement direct = d'une expression (*expr*) sur une variable cible (*target*).

```
Load (target , indexes , expr) ::= <<
$target$ = $expr$[$indexes$];
>>
```

FIGURE 4.6 – Formulaire de l'instruction *Load* en StringTemplate.

4.2.3   Transformation de la RI ORCC vers la RCM

Au vu des similarités entre les instructions de la RI Orcc et de la LLVA, nous développons un nouveau back-end dans Orcc capable de générer une RCM d'acteur depuis une description RVC-CAL d'acteur. Dans un contexte MPEG RVC, ce back-end permet de traduire l'intégralité des acteurs composant la VTL vers une représentation RCM. Nous obtenons ainsi une VTL complète en RCM qui peut être intégrée à la MVU, produisant ainsi la base d'un décodeur universel conforme à MPEG RVC (figure 4.7).

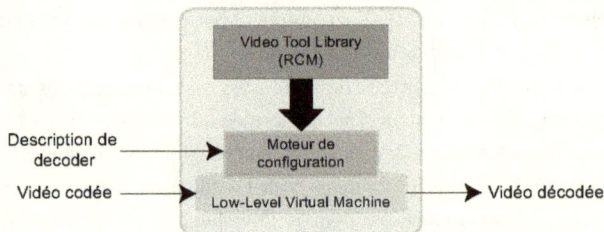

FIGURE 4.7 – Représentation d'un décodeur universel fondé sur la MVU.

Le back-end RCM développé dans Orcc contient de multiples transformations sur la RI de Orcc afin d'y ajouter les caractéristiques manquantes, à savoir :

1. *Les branchements conditionnels* : Les structures conditionnelles *if* et *while* n'ont pas d'équivalent en LLVM. Chaque structure conditionnelle doit être explicitement transformée en bloc d'instruction, les *basic block*, commençant par un *label* et finissant par une *instruction de branchement*.

2. *La forme Three Address Code (3AC)* : LLVM ne supporte aucune opération sur les expressions, chaque expression doit donc être décomposée en une série d'instruction conforme à la règle du 3AC.

3. *Accès aux éléments d'une structure* : L'accès à des sous-éléments d'une structure de données ou d'un tableau s'effectue dans la RI Orcc par l'assignation d'expression indexée. Chaque expression indexée de la RI Orcc doit ainsi être transformée en une série d'opérations arithmétiques sur les pointeurs utilisant l'instruction spécifique LLVM (*getElementPtr*).

4. *La coercition explicite* : La RI Orcc ne dispose d'aucune notion de coercition. Les instructions de coercition supplémentaire de LLVM doivent ainsi être intégrées sur le jeu d'instruction de la RI Orcc.

La décomposition du jeu d'instructions haut-niveau de la RI Orcc en une série d'instructions bas-niveau de la LLVA nécessite également une nouvelle passe de transformation SSA afin de rendre le code généré conforme à la règle d'assignation unique sur les registres. Le développement de ces transformations se réalise, conformément à l'environnement de développement Orcc, sous forme d'un ensemble de transformation Java. Enfin, l'adaptation du jeu d'instruction de la RI Orcc vers le jeu d'instruction LLVA se réalise par un ensemble de formulaire StringTemplate. Un exemple d'adaptation d'une instruction load vers la LLVA est illustré figure 4.8.

```
Load (target, source, type) ::= <<
%$target$ = load $type$ $var$
>>
```

FIGURE 4.8 – Formulaire de l'instruction *Load* adaptée à la LLVA.

Les informations structurelles de l'acteur et de ses actions, identifiées en section 4.2, sont sélectionnées par une transformation dédiée aux métadonnées. Cette transformation permet l'affection d'un identifiant unique à chaque éléments structurels pour leurs descriptions par métadonnées *nodes*. Chaque type d'information structurelle est ensuite rassemblé autour d'une unique métadonnée *NamedNode* dont l'identifiant est connu par la MVU. Ainsi, la figure 4.9 correspond aux informations structurelles de l'acteur *Algo_ Add* en RCM, dont l'équivalent en RI Orcc se trouve figure 4.2. Chaque métadonnée *node* se compose d'un nom et d'une taille de type. Les paramètres ayant une variable globale dans le code de l'acteur, les métadonnées décrivant les paramètres référencent en supplément l'adresse de la variable correspondante.

```
;NamedNode
!inputs = !{!1, !2}
!outputs = !{!3}
!parameters = !{!4, !5}

;Node
!1 = !{!"X", i32 9}
!2 = !{!"Y", i32 9}
!3 = !{!"Z", i32 10}
!4 = !{!"Min", i32 10, i10* @Min}
!5 = !{!"Max", i32 10, i10* @Max}
```

FIGURE 4.9 – Description de la signature de l'acteur Algo_Add normalisé dans MPEG-C partie 4 par la RCM en métadonnées LLVM.

Les actions RCM disposent d'un ensemble d'informations où fonctions et variables globales sont liées par un ensemble de métadonnées. Une action en RCM se compose de deux fonctions LLVM : une fonction représentant la fonction de tir f de l'action et une fonction représentant l'agrégat $\mathcal{G}$ du garde de l'action.

```
;Paramètre
@Min = global i10*
@Max = global i10*

;Séquence de jetons
@X = global i9*
@Y = global i9*
@Z = global i9*

;Procédure
declare i9 @clip_i32(i9, i10, i10)
```

FIGURE 4.10 – Déclaration de l'entête d'acteur de l'acteur *Algo_ Add* par la RCM en LLVA.

Dans l'exemple fournit de la figure 4.11, l'acteur *Algo_Add* ne comporte qu'une seule action sans information de garde. Elle se représente donc sous la forme d'une unique fonction de tir, sans fonction d'agrégat pour le garde. Rappelons que le rôle de cette fonction de tir est de réaliser un écrêtage sur l'addition entre un jeton consommé sur ses entrées X et Y. Cet écrêtage se réalise par l'intermédiaire d'une fonction *clip* définie dans les *Units* de l'acteur. Nous représentons cette fonction de tir en une fonction LLVM $@f()$ sur la figure 4.11 où les variables globales utilisées sont déclarées en figure 4.10. L'en-tête de l'acteur RCM se décompose ainsi en un ensemble de déclaration de variables globales et une déclaration de la fonction *clip()* définit dans les Units. Les variables $@X$ et $@Y$ sont utilisées pour la reconstruction respectives des séquences d'entrées S^X et S^Y de la fonction de tir. La variable $@Z$ permet le stockage de la séquence de sortie S^Z. Enfin, les variables Min et Max stockent les valeurs, fixées à l'instanciation, des paramètres.

La fonction de tir de l'action *Algo_Add* (figure 4.12) réalise dans un premier temps le chargement de l'ensemble des valeurs contenu dans chacune des variables globales utilisées par une série d'instruction *load* sur les registres %0 jusqu'à %3. La fonction additionne (*add*) les valeurs contenues dans $@X$ et $@Y$ sur le registre %4 et appel la fonction (*call*) pour l'écrêtage de la valeur de ce registre. Le résultat de cet écrêtage est stocké sur le registre %5, dont la valeur représente la séquence de sortie S^Z. Cette fonction écrit (*store*) donc la valeur de ce dernier sur à l'adresse pointée par $@Z$.

```
define void @f() {
        ;Chargement des valeurs
        %0 = load i10* @Min
        %1 = load i10* @Max
        %2 = load i9* @X
        %3 = load i9* @Y

        ;Calcul
        %4 = add i9 %2, %3
        %5 = i9 call @clip_i32(i9 %4, i10 %0, i10 %1)

        ;Stockage du résultat
        store %5, i9* @Z
        ret void
}
```

FIGURE 4.11 – Fonction LLVA de tir de l'acteur *Algo_Add* en RCM.

Les actions d'un acteur sont augmentées par un ensemble de métadonnées *Node*, et toutes ces métadonnées *Node* sont référencées par une unique métadonnée *NamedNode* dont l'identifiant est *actions*. La figure 4.12 représente les métadonnées de l'action de l'acteur *Algo_Add* de la manière suivante :

1. *!6* représente respectivement le nom de l'action, la fonction de tir et le garde d'une action, possiblement *nul*,

2. *!7* représente la fonction de tir de l'action avec respectivement sa fonction LLVM correspondante, son pattern d'entrée et son pattern de sortie

3. *!8* et *!9* représentent la taille des données consommées et produites sur chacune des variables représentant les ports de l'acteur.

```
!actions = !{!6}

;action
!6 = !{!"", metadata !7, null}
!7 = !{void()* @f, metadata !8, metadata !9}

;Pattern de consommation/production
!8 = !{i32 1, i9* @X, i32 1, i9* @Y}
!9 = !{i32 1, i9* @Z}
```

FIGURE 4.12 – Métadonnées LLVM de l'action de l'acteur *Algo_Add* en RCM.

La représentation d'un automate fini en RCM est largement utilisée pour la représentation d'une *FSM* RVC-CAL et pour la représentation comportementale d'acteurs. Dans notre exemple, l'acteur *Algo_Add* ne dispose d'aucune définition de *FSM* dans son code source. Il dispose en revanche d'une unique action et donc d'une consommation et d'une production fixe de jetons à chaque tir. Son comportement est donc conforme au modèle SDF dont la représentation comportementale en RCM est donnée en figure 4.13. Chaque métadonnée *node* correspond aux informations suivantes :

- *!10* est la représentation comportementale SDF de l'acteur, composée respectivement d'un nom de MoC (*SDF*), d'une description d'automate fini (*!11*), d'une consommation d'entrée (*!14*) et d'une production de sortie (*!15*),

- *!11* est la représentation de l'automate fini, avec un alphabet d'entrée L (*!6*), un ensemble d'état Q (*!12*), un état initial q_0 (*!12*) et un ensemble de transition $\mathcal{T}$,

- *!12* est l'unique état s_0 de l'automate fini et donc également son état initial,

- *!13* est l'unique transition de l'automate fini qui associe l'état s_0 à l'unique action de l'acteur, décrit par la métadonnée *!6* sur la figure 4.12,
- *!14* et *!15* sont les consommations et les productions du MoC à chaque tir sur l'ensemble des variables globales de la RCM.

```
!MoC = !{!10}

;MoC SDF
!10 = metadata !{!"SDF", metadata !11, metadata !14, metadata !15}

;automate fini du MoC
!11 = metadata !{metadata !6, metadata !12, metadata !12, metadata !13}
!12 = metadata !{!"s0"}
!13 = metadata !{metadata !12, metadata !6, metadata !12}

;Pattern du MoC
!14 = !{i32 1, i9* @X, i32 1, i9* @Y}
!15 = !{i32 1, i9* @Z}
```

FIGURE 4.13 – Métadonnées LLVM de la RCM comportementale l'acteur *Algo_Add*.

Les fragments de code présentés sur l'ensemble des figures de cette section permettent ainsi de reconstituer la RCM complète de l'acteur *Algo_Add*. Une génération de code par le back-end RCM sur un ensemble d'acteurs produit un ensemble de fichier structuré en dossier, où chaque dossier correspond à un package d'acteurs et où chaque fichier correspond à une RCM d'acteurs.

4.3 Schéma architectural de mise en œuvre de la MVU

La deuxième étape de développement sur la MVU consiste à utiliser les différentes librairies C++ fournies par l'infrastructure LLVM pour le développement d'une nouvelle MV possédant les caractéristiques présentées en chapitre 3. Nous intégrons finalement la MVU et la RCM générée dans l'environnement multimédia GPAC afin de réaliser un décodeur universel, compatible à la norme MPEG RVC.

4.3.1 Infrastructure de compilation LLVM

Le but des différentes librairies C++ composant l'infrastructure LLVM est de fournir un ensemble d'outils permettant la réalisation des tâches fondamentales de toutes MV, selon les trois caractéristiques suivantes [LA04] :

1. Persistance de la représentation : Le modèle de compilation utilisé préserve une même représentation LLVA durant toutes les phases d'optimisation et de compilation du système.

2. Personnalisation des optimisations : Les optimisations de code LLVA se décomposent en un ensemble de passe qui peuvent être sélectionnées selon les besoins de l'utilisateur et les caractéristiques de la machine.

3. Génération de code natif en ligne ou hors-ligne : En plus de ses fonctionnalités de MV, la LLVM fournit également un générateur statique de code natif pour la production d'un code haute-performance, mais également très expansif en mémoire.

Ces librairies incluent notamment un parseur de code LLVA, un optimiseur de code LLVA dotée de nombreuses passes pour une optimisation "agressive" des instructions, un traducteur de code LLVA vers du code natif par interprétation ou traduction dynamique, un éditeur de lien dynamique pour lier le code généré avec les bibliothèques dynamiques, etc.

A l'instar de son jeu de librairies, l'infrastructure LLVM fournit un ensemble d'exécutables permettant d'interagir avec le système LLVM. L'un des aspects critiques d'une génération de code LLVA par le back-end RCM est qu'une utilisation de formulaires StringTemplate impose une génération uniquement textuelle et non-optimisée de la RCM d'un acteur. La compacité de représentation d'un acteur en RCM est un critère important, car elle permet de limiter les temps de chargements d'acteurs par la MVU. Dans un contexte MPEG RVC, cette compacité permet également une éventuelle transmission d'acteurs RCM non-normalisés dans MPEG-C partie 4 au travers d'un réseau. En outre, les fonctions de la RCM comporte un grand nombre d'instructions non-optimisées, qu'il est nécessaire d'optimiser "hors-ligne" pour limiter les temps d'optimisation de code lors de la génération complète d'un programme flux de données par la MVU.

L'infrastructure LLVM dispose ainsi de deux outils permettant une optimisation statique de code LLVM et la génération d'une représentation binaire compressée (*bitcode*) d'un code LLVA. Un ensemble de fichiers en bitcode LLVM peut être plus intensivement compressé par l'utilisation d'un troisième outil, également fournit par l'infrastructure LLVM, pour la création d'*archives* de bitcode LLVM. Nous intégrons ces trois outils à l'intérieur du back-end RCM afin de générer une représentation compacte et optimisée de chaque acteur en RCM, que nous appelons "*bitcode RCM*". L'utilisation d'archives permet la génération de "*librairies d'acteurs*" image de la représentation sous forme de package utilisée dans MPEG RVC.

4.3.2   Architecture de développement de la MVU

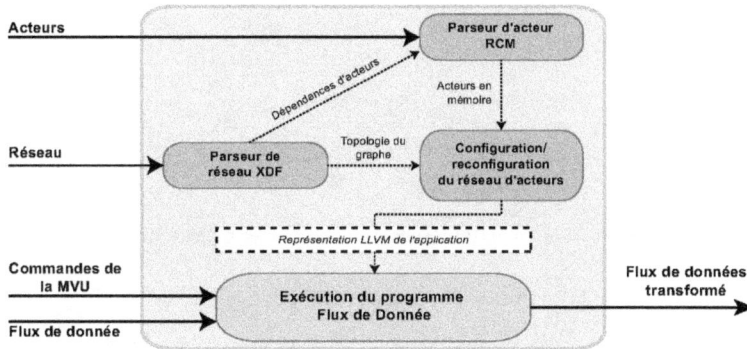

FIGURE 4.14 – Architecture de la MVU.

Nous présentons figure 4.14 le schéma général de mise en œuvre de la MVU que nous développerons tout au long de cette section. Les entrées de la MVU se décompose en un réseau d'acteur sous forme XDF, un ensemble d'acteurs en RCM (possiblement de la VTL), un flux de données sur lequel le programme flux de données doit appliquer son traitement et un ensemble de commande permettant de lire ou de stopper le traitement.

La MVU comporte un parseur XDF dont le but est de transmettre les dépendances d'acteurs du réseau flux de données au parseur d'acteurs RCM et la topologie du graphe flux de données au composant réalisant l'instanciation du réseau. Le parseur d'acteurs RCM sélectionne les acteurs à charger en mémoire depuis sa liste d'acteurs en entrée et transmet une représentation de chaque élément de ces acteurs sous forme de classe C++. L'instanciation de réseau combine les informations de graphes flux de données et les descriptions d'acteurs RCM afin de transmettre une représentation complète du programme flux de données vers le moteur d'exécution. Le moteur d'exécution optimise, traduit puis exécute cette représentation bytecode de l'application sur la machine hôte.

Le rôle du parseur de réseau XDF est dans un premier temps de reconstruire l'ensemble des informations de connexions et d'instances depuis une description XML de réseau en un unique graphe flux de données de l'application. Chaque dépendance d'acteurs dans le graphe est identifiée et transmis au parseur d'acteur RCM représenté en figure 4.15. Le parseur d'acteur RCM se fonde sur le parseur de code LLVA fournit pour charger en mémoire les descriptions RCM d'acteurs sous la forme d'un ensemble de métadonnées et de fonctions. Une librairie spécifique à la MVU est développée afin de reconstruire l'ensemble de ces informations vers une représentation

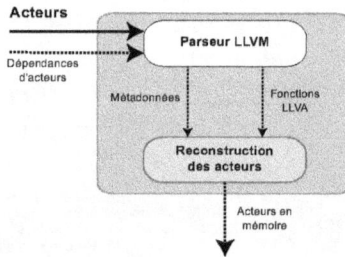

FIGURE 4.15 – Représentation du parseur d'acteurs.

sous forme de classe C++ des acteurs en mémoire.

4.3.3   Configuration et reconfiguration du réseau d'acteurs

L'instanciation du graphe flux de données (figure 4.16) se déroule en quatre étapes :

1. *Instanciations des acteurs* : Chaque instance du graphe flux de données est traduite par une copie de l'acteur correspondant vers une représentation unique du réseau d'instances. A chaque instance correspond ainsi un ensemble de variables et des fonctions propres, référencées par les métadonnées de l'acteur source. Dans un contexte de reconfiguration, les instances non-réutilisables sont également désallouées de la mémoire.

2. *Transformation hiérarchique* : Dans le cadre d'un ordonnancement hiérarchique, le réseau d'acteur est analysé afin détecter les régions statiques du graphe. Le réseau d'acteur résultant est un réseau à deux hiérarchies, dont le niveau supérieur est dynamique et le niveau inférieur est statique.

3. *Ajout des FIFO* : Les informations de ports de chaque instance sont transformées en un ensemble de variables globales et les arcs de connexion du graphe sont transformés en une structure de données réalisant la communication entre les ports. Dans le cadre d'un ordonnancement hiérarchique, les niveaux inférieurs sont connectés par des tableaux de valeurs et les niveaux supérieurs sont connectés par des FIFO circulaires.

4. *Ajout des ordonnanceurs* : A chaque instance est associée un ordonnanceur d'actions propre selon son MoC (*cf.* section 3.3). Chaque ordonnanceur d'actions est ensuite inclues dans un ou plusieurs ordonnanceurs dynamiques de type RR selon la distribution d'acteurs fournie. Dans le cadre d'un ordonnancement hiérarchique, les niveaux hiérarchiques sont ordonnancés statiquement par une stratégie SAS.

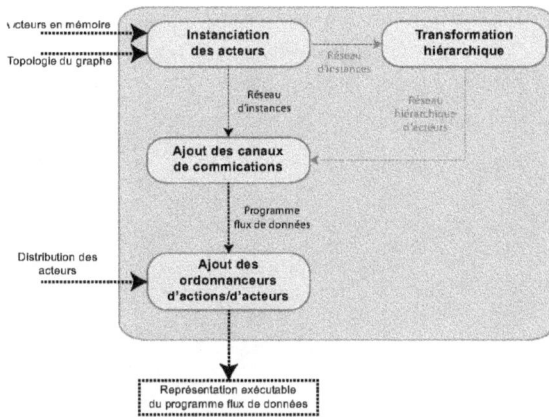

FIGURE 4.16 – Instanciation du graphe flux de données.

Les FIFO circulaires sont des mises en œuvre typiques de FIFO pour la protection des accès concurrents en lecture et en l'écriture par deux processus distincts. Elles se composent d'une structure de données comprenant un tableau de valeurs, une taille, un index de lecture et un index d'écriture. Lors d'une écriture par un acteur sur l'entrée de la FIFO, la valeur du jeton transmise par l'acteur est stockée dans le tableau de valeurs à l'emplacement pointé par l'index d'écriture et l'index d'écriture incrémentée. Lors d'une lecture de jeton par un acteur en sortie de la FIFO, la valeur pointée par l'index de lecture sur le tableau de valeur est transmise à l'acteur et l'index de lecture est incrémenté.

```
%0 = call i16* @write(%fifo* %P, i32 1)
store i16 3, i16* %0
call i16* @end_write(%fifo* %P)
```

FIGURE 4.17 – Exemple d'écriture de la valeur 3 dans la FIFO %P.

Les FIFO circulaires utilisées dans la MVU sont optimisées dans le but de minimiser le nombre de copie mémoire lors des accès en lecture/écriture. Ainsi, un accès en écriture dans une FIFO ne nécessite pas de transmettre une valeur de jeton à copier dans le tableau de valeur mais un accès direct à l'adresse dans tableau de valeur pointé par l'index d'écriture. Un accès en lecture ne copie pas la valeur du jeton pointé par l'index de lecteur vers l'acteur de sortie mais transmet l'emplacement du tableau de valeur à lire. La figure 4.17 est un exemple d'écriture sur une FIFO %P par un acteur. L'écriture se déroule ainsi en trois étapes : l'acteur récupère l'emplacement du tableau de valeur (%0), écrit (*store*) la valeur trois, puis incrémente l'index d'écriture par l'intermédiaire de la fonction @end_write.

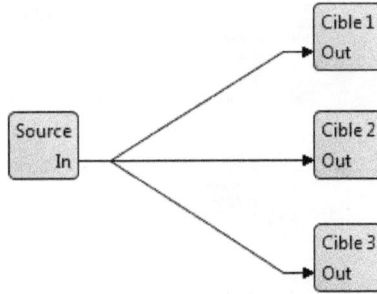

FIGURE 4.18 – Broadcast de données implicite sur le port *Out* de l'instance *Source* et les ports *In* des instances *cible* 1, 2 et 3.

Un réseau XDF supporte implicitement le broadcast de données vers les acteurs, *i.e.* les connexions depuis un unique port de sortie d'un acteur vers plusieurs ports d'entrées. La figure 4.18 est un exemple de graphe flux de données où un broadcast de données est implicite entre le port *Out* de l'instance *Source* et les ports d'entrées *In* des instances *Cible*.

La topologie des FIFO développés dans la MVU ne supporte cependant qu'une unique connexion sur son entrée et une unique connexion sur sa sortie. Nous effectuons donc une transformation sur le graphe flux de données lors de l'ajout des FIFO sur les arcs afin de rendre les broadcasts explicites. Une instance spécifique nommée "Broadcast" est ajoutée dans le graphe flux de données à chaque détection de broadcast implicite, afin de le rendre explicite. La figure 4.19 illustre l'ajout de l'instance *Broadcast* sur le graphe de flux de données de la figure 4.18. Plusieurs connexions sur un même port de sortie sont ainsi remplacées par une connexion unique entre le port de sortie et le port d'entrée de l'instance *Broadcast* et par une connexion sur chaque port de sortie de l'instance *Broadcast* vers les ports des entrées cible. Le rôle de l'instance *Broadcast* est ainsi de produire à chaque "tir" une copie des données sur sa FIFO d'entrées sur tous ses FIFO de sortie.

4.3.4 Exécution du programme flux de données

Le moteur d'exécution (figure 4.20) se fonde sur un ensemble de librairie LLVM visant à optimiser, lier et exécuter la représentation LLVM du programme flux de données de la MVU. L'exécution du modèle se déroule en trois phases :

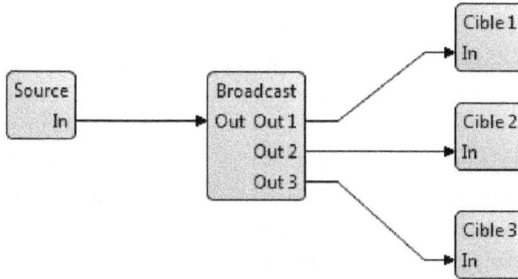

FIGURE 4.19 – Broadcast de données explicite entre sur le port *Out* de l'instance *Source* par l'utilisation d'une instance *Broadcast*.

1. *Optimisation de l'application* : L'optimiseur LLVM sélectionne un ensemble de passe d'optimisations à appliquer sur la LLVA selon les paramètres du système et les caractéristiques de la machine hôte.

2. *Edition de lien* : Les entrées/sorties de la MVU sont connectées à la LLVA par l'intermédiaire de pointeur d'adresse sur le système. Les procédures natives sur l'ensemble des acteurs sont également liées aux librairies correspondantes dans la MVU.

3. *Exécution de l'application* : Un moteur d'exécution communique en permanence avec le traducteur LLVM sur les fonctions LLVA à interpréter ou à traduire dynamiquement en code natif puis à exécuter, selon le comportement choisi.

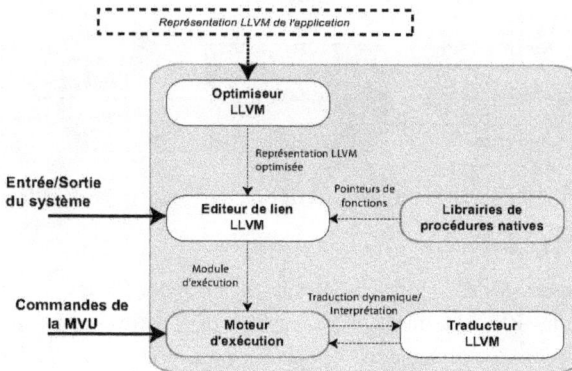

FIGURE 4.20 – Architecture d'exécution d'un programme flux de données.

Lors de l'exécution du système, le moteur d'exécution est informé en permanence de la location en mémoire de chaque élément de la représentation LLVM traduit en code natif. Le moteur d'exécution est ainsi capable, lors d'une reconfiguration de l'application, de désallouer la mémoire affecté à des fonctions, des variables globales ou des FIFO d'un acteur. Il est également capable de d'interagir dynamiquement avec les valeurs en mémoire de la MVU afin de réinitialiser l'état d'un acteur.

L'exécution multithread de la MVU se réalise par l'exécution des fonctions des différents ordonnanceurs d'acteurs du graphe sur un ensemble de processus séparés. Une commande de *pause* sur l'exécution de la MVU provoque une suspension de ces différents processus, un évènement *stop* provoque la terminaison des processus.

4.3.5   Intégration de la MVU dans l'environnement GPAC

Nous intégrons la MVU dans l'environnement multimédia GPAC afin de réaliser une chaîne complète de validation d'un décodeur dynamique compatible à la norme MPEG RVC.

GPAC [LFCM07] est un projet Open-Source et multiplateforme dédié à l'expérimentation de solutions multimédia. Il se compose, d'une part d'un lecteur multimédia modulaire nommé "Osmo4" qui intègre ses applications de décodage sous la forme de *modules*, et d'autre part d'une boîte à outils de conditionnement (*packaging*) de fichiers multimédia nommée "MP4box".

Le but de ces deux outils est d'offrir un environnement complet de test et de validation pour les nouvelles fonctionnalités à intégrer aux normes multimédia, notamment les normes MPEG. Ainsi, dans un contexte MPEG RVC, MP4Box (figure 4.21) fournit une fonctionnalité d'encapsulation de description d'un réseau de décodeur conjointement à un flux codé à l'intérieur d'un conteneur MP4.

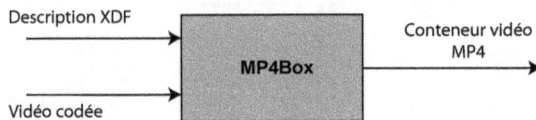

FIGURE 4.21 – Encapsulation d'une description de décodeur et d'un flux codée dans un conteneur MP4 avec MP4Box.

Nous intégrons la MVU dans le lecteur *Osmo4* pour récupérer ces conteneurs vidéo "compatible RVC" et créer à la volée le décodeur correspondant permettant de traiter le flux codé. Son architecture sous forme de module facilite le développement de nouveaux décodeurs et son interface graphique (*GUI*) rend le contrôle de la MVU intuitif pour les utilisateurs. Nous développons un nouveau module, nommé *module*

RVC, qui réalise la fonction de décodeur universelle présentée en section 2.3. Nous représentons ce module en figure 4.22.

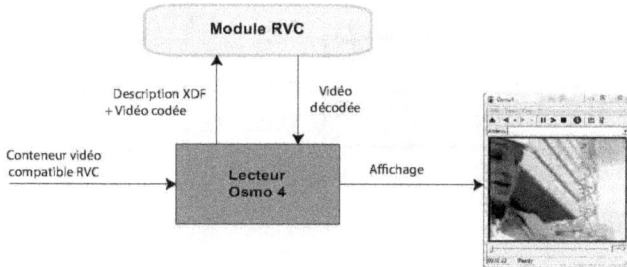

FIGURE 4.22 – Intégration du module RVC dans le lecteur Osmo4.

Le module RVC comprend la MVU, une VTL en RCM et un système d'interfaçage entre GPAC et la MVU. Ce système d'interfaçage (figure 4.23) réalise l'adaptation du fonctionnement par "paquets de données" de GPAC vers le mode de traitement continu de la MVU. Nous développons différents mots de commande qui réalisent l'instanciation de décodeur (*init*), le début du traitement de données à l'entrée de la MVU (*start*) et un événement d'arrêt (*stop*) de traitement de la MVU lorsque l'ensemble des paquets de données est finalement traité.

L'ouverture d'un conteneur conforme à MPEG RVC dans l'interface graphique de GPAC provoque :

1. une commande *init* suivie de la description du réseau de décodeur à instancier,

2. l'envoi d'un ensemble de paquets à traiter au système d'interface du module RVC,

3. une succession de commandes *start/stop* sur chaque paquet stocké dans le système d'interface,

4. l'envoi des paquets traités par la MVU vers le lecteur Osmo4.

Enfin, ce dernier transmet les paquets traités vers son système d'affichage. Une commande de *pause* réalisée par l'utilisateur sur l'interface graphique d'Osmo4 engendre l'arrêt de la transmission de paquets de données vers le module RVC, la MVU se trouve alors en position d'attente. Une commande *lecture* relance cette transmission, la MVU se replace alors dans sa position de traitement de données.

4.4   Résultat et analyse des performances

Nous avons réalisé une série d'expériences afin de déterminer les caractéristiques et les performances d'une MVU fondée sur LLVM. Nous évaluons ainsi dans cette

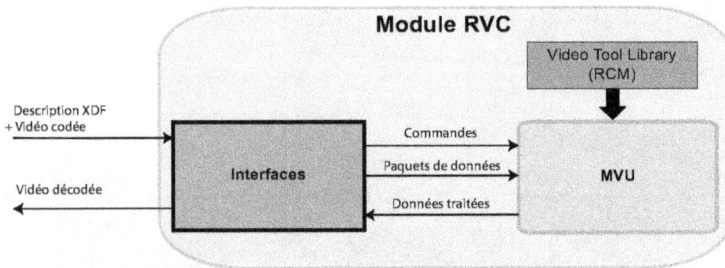

FIGURE 4.23 – Interfaces de communication du module RVC.

section :

1. la taille de la RCM,

2. les temps de configurations de la MVU incluant l'adaptation et la compilation de programmes,

3. la portabilité de la MVU,

4. les performances d'exécutions de la MVU.

Les applications testées sont les logiciels de références de la norme MPEG-4 partie 2 SP et de la norme MPEG-4 partie 10 CBP fournis par MPEG RVC et présentées en section 2.2.

Les flux de données en entrée de la MVU sont les séquences de conformité[3] à chacune des normes MPEG utilisées. La séquence de test du décodeur de référence MPEG-4 partie 2 *SP* est une vidéo CIF (352×288) comprenant une séquence d'images codées *Intra* et *Inter*. La séquence de test du décodeur de référence MPEG-4 partie 10 *CBP* est une vidéo QCIF (176×144) comprenant également une séquence d'images codées *Intra* et *Inter*.

4.4.1 Taille de la VTL en RCM

La première expérimentation illustre la taille d'une VTL en bitcode RCM dans MPEG-RVC, par l'utilisation du générateur de RCM sur l'ensemble des acteurs normalisé dans MPEG-C partie 4. Nous comparons cette VTL en bitcode RCM à une génération similaire par le back-end Java de Orcc sur ces mêmes acteurs.

La norme MPEG-C partie 4 comporte actuellement 22 FUs provenant de la norme MPEG-4 partie 2 et 47 FUs provenant de la norme MPEG-4 partie 10. Les

---

3. Les séquence de conformités à la norme MPEG-4 partie 2 et à la norme MPEG-4 partie 10 sont fournies respectivement à l'adresse : http ://standards.iso.org pour le décodeur MPEG-4 SP et à la norme MPEG-4 partie 10 à l'adresse : http ://wftp3.itu.int/av-arch/jvt.

résultats de cette expérimentation, présentés dans le tableau 4.4, montrent la compacité du bitcode RCM par rapport au bitcode Java. Les méthodes de compression utilisés par le bitcode de Java sont très similaires aux méthodes de compression de bitcode LLVM [4], *e.g.* ils utilisent un ensemble de primitives de codage pour chaque opcodes et des abréviations sur les opérandes [LY99]. Cependant, la RCM ne comporte aucune instruction sur l'ordonnancement des actions, contrairement à la représentation Java d'acteurs. La RCM permet ainsi un gain de 3% sur la taille totale des acteurs de la VTL par rapport à une génération de code Java.

		Java	RCM
	MPEG-4 *SP*	300 Kb	285 Kb
+	MPEG-4 *AVC*	775 Kb	755 Kb
	VTL	1,04 Mb	1,01 Mb

TABLEAU 4.4 – Taille de bitcode de la VTL généré en *Java* et en *RCM*.

La relative légèreté de chacun de ces acteurs en RCM permet d'aborder une éventuelle transmission de ces FU au sein d'un flux codé avec un faible impact sur sa taille de l'ensemble.

4.4.2   Analyse des temps de configuration de la MVU

Le temps de configuration d'une application par la MVU correspond à la chaîne de transformation complète d'un réseau de décodeur et d'un ensemble d'acteurs RCM en un programme complet en code natif, exécutable par la machine hôte. Elle contient donc une phase d'adaptation (*i.e.* une transformation des acteurs et l'ajout d'un ordonnanceur d'acteur), une phase d'optimisations de la représentation LLVM de l'application, et finalement, dans le cas d'une traduction dynamique, une phase de compilation de cette représentation. Ce temps de configuration est donc crucial pour la MVU, car il permet d'évaluer le temps d'attente d'un utilisateur entre le lancement de la MVU sur une application et le traitement effectif de l'application sur son flux d'entrée. L'expérience présentée dans cette section est réalisée sur un processeur Core2Duo (*X64*) cadencé à 2.40 GHz et tournant sur *Windows 7*.

Le tableau 4.5 représente la première phase d'adaptation et d'optimisation de la MVU sur les deux logiciels de référence des décodeurs MPEG-4 SP et MPEG-4 AVC. L'ensemble des optimisations fournies par la librairie LLVM sont activées, ce qui équivaut à l'option *-O3* d'un compilateur *gcc*. Les éléments remarquables de ce tableau est que, d'une part, les algorithmes d'adaptation de la MVU sont

---

4. Les   spécifications   du   bitcode   LLVM   sont   disponibles   à   l'adresse   :
http ://llvm.org/docs/BitCodeFormat.html

	MPEG-4 SP	MPEG-4 AVC
Adaptation	70 ms	344 ms
Optimisation	1014 ms	6786 ms

TABLEAU 4.5 – Périodes d'adaptation et d'optimisation de la MVU sur les décodeurs de référence MPEG-4 partie 2 *Simple Profile* et MPEG-4 partie 10 Constrained Baseline Profile.

négligeables (environ 6%) face aux temps d'optimisations, d'autres parts, les temps d'optimisations de la librairie LLVM sur des applications complexes, ici MPEG-4 AVC, peuvent s'avérer très importants.

	Interprétation		Traduction dynamique	
	MPEG-4 SP	MPEG-4 AVC	MPEG-4 SP	MPEG-4 AVC
Compilation	0 ms	0 ms	1622 ms	4883 ms
Image/sec	4,2 fps	6.5 fps	24,9 fps	34,4 fps

TABLEAU 4.6 – Période de compilation et performance en exécution selon l'interprétation ou la traduction dynamique de la MVU sur les décodeurs de référence MPEG-4 partie 2 *Simple Profile* et MPEG-4 partie 10 Constrained Baseline Profile.

Le tableau 4.6 présente la dernière étape de configuration de la MVU, à savoir les temps de compilation ainsi que les performances en exécution sur ces décodeurs. Nous remarquons d'emblée remarquer que l'utilisation de la MVU en traduction dynamique n'a aucun impact sur les performances de la MV, *i.e.* par rapport aux performances présentées tableau 4.3 section 4.1.3. Comme prévu, l'utilisation d'un mode d'exécution par interprétation ne dispose d'aucun temps de compilation mais possède en revanche des performances faibles. Les temps de compilation des applications en mode traduction dynamique sont sans compilation paresseuse (*lazy compilation*), *i.e.* la compilation se fait sur la représentation complète du décodeur et non au fur et à mesure des appels de procédure. Ces temps de compilations sont non-négligeables pour des cas d'utilisation sur des plates-formes embarquées du fait de la relative puissance de notre machine de test.

4.4.3 Analyse de la portabilité de la MVU

A travers cette expérience, nous cherchons à valider la portabilité de la MVU, mais aussi à évaluer les performances de la MVU sur un ensemble hétérogène de plate-forme. Le tableau 4.7 présente les différents tests de portabilité réalisées sur divers combinaisons de SE et de plates-formes à savoir :

– *Linux + X86* : Distribution Debian sur processeur Core2Duo @2.66GHZ.

- *MacOs + X64* : Distribution Snow Leopard sur processeur Core i5-670@3.46 GHz.
- *Linux + Cell SPU* : Distribution YellowDog sur PlayStation 3.
- *Linux + ARM Cortex A8* : Distribution Ubuntu sur BeagleBoard doté d'un ARM cortex-A8@800MHz.

	Linux + X86	MacOs + X64	Linux + Cell PPU	Linux + ARM
MPEG-4 SP	29,3 fps	29,7 fps	6,9 fps	8,1 fps
MPEG-4 AVC	39,9 fps	40,4 fps	10,6 fps	12,8 fps

TABLEAU 4.7 – Portabilité et performances de la MVU sur divers combinaisons de machines sur les décodeurs de référence MPEG-4 partie 2 *Simple Profile* et MPEG-4 partie 10 Constrained Baseline Profile.

Nous pouvons conclure de cette expérience que la LLVM est portable, mais ses performances en exécution sont encore très dépendantes des architectures des machines. Les architectures ARM en particulier disposent actuellement d'effort conséquent pour obtenir des performances proches d'une compilation *gcc* [KLMK10]. C'est un des avantages d'utiliser une MV existante pour la MVU car elle permet à celle-ci de bénéficier de l'ensemble des recherches effectuées sur les MV.

4.4.4 Réduction des passes d'optimisations de la MVU

Les expériences précédentes ont montré que l'optimisation et la compilation sont deux phases de configuration de la MVU consommatrices en temps de calculs. La phase d'optimisation est particulièrement consommatrice en ressources car elle nécessite de nombreuses passes à appliquer sur la représentation LLVM finale avant sa compilation. Pourtant, les fonctions de tirs et les gardes des acteurs de la RCM sont déjà optimisés à la réception, car ces passes d'optimisation ont déjà été appliquées à ses fonctions lors de la génération de la VTL, *i.e.* par le backend RCM.

	MPEG-4 SP	MPEG-4 AVC
Image/sec	14,8 fps	22,9 fps

TABLEAU 4.8 – Performance de la MVU sans optimisation sur les décodeurs de référence MPEG-4 partie 2 *Simple Profile* et MPEG-4 partie 10 Constrained Baseline Profile.

Une série d'expérience sont ainsi réalisées sur les différentes passes LLVM afin de mettre en évidence le gain obtenu par chaque passe par rapport au temps nécessaire pour leurs applications. Par la sélection des passes d'optimisation ayant le meilleur rendement, nous sommes ainsi capables de réduire de 80% les temps d'optimisations tout en conservant plus de 70 % des performances du décodeur. Le tableau 4.8 présente les performances sans optimisation de la MVU et le tableau 4.9 présente le temps d'application et les performances avec un ensemble de passes d'optimisations, sélectionnées selon leurs efficacités.

	MPEG-4 SP	MPEG-4 AVC
Optimisation	240 ms	2122 ms
Image/sec	22,7 fps	31,2 fps

TABLEAU 4.9 – Périodes d'optimisation et performance de la MVU avec la sélection des optimisations sur les décodeurs de référence MPEG-4 partie 2 *Simple Profile* et MPEG-4 partie 10 Constrained Baseline Profile.

4.4.5 Réduction du temps de compilation de la MVU par recompilation dynamique

Cette expérience met en évidence le gain apporté par la recompilation dynamique. Nous présentons deux scénarii de reconfiguration dans MPEG RVC, propices à l'utilisation de la reconfiguration dynamique. Les résultats illustrés tableau 4.10 et tableau 4.11 diffèrent des temps de configurations présentés dans les sections précédentes car elles sont réalisées avec la *lazy compilation* et l'optimisation sélective. En effet, ce mode de compilation permet de mettre en avant la compilation dynamique de LLVM, particulièrement efficace lors de phases de recompilation (*i.e.* seule une partie de l'application est compilée).

Configurations	sans recomp. dyn.	avec recomp. dyn.	Gain
RVC -> Actors	1188 ms	380 ms	3
Actors -> RVC	1141 ms	375 ms	3

TABLEAU 4.10 – Temps de reconfiguration entre des mises en œuvre normalisées et des mises en œuvre propriétaires de décodeurs conformes à la norme MPEG-4 partie 2.

Le premier scénario (tableau 4.10) présente un cas de reconfiguration où la MVU doit effectuer une transformation d'un décodeur de référence MPEG RVC vers une mise en œuvre propriétaire de décodeur, *i.e.* dans notre cas d'utilisation, le décodeur développé dans le projet Actors. Ces deux mises en œuvre de décodeur sont conformes à la norme MPEG-4 partie 2. Le décodeur de référence MPEG RVC utilise 31 acteurs, instanciés sur les 51 sommets de son graphe de configuration. La version développée dans le cadre du projet Actors utilise 30 acteurs, instanciés sur 60 sommets de son graphe de configuration. 37 instances d'acteurs, soit approximativement 60 % des instances de ces deux décodeurs, sont réutilisées par le passage d'une configuration à une autre. Le gain sur les temps de compilation apporté par la recompilation dynamique montre que notre algorithme est bien adapté à ce cas de figure.

Configurations	sans recomp. dyn.	avec reconf. dyn.	Gain
CBP -> FRExt	4734 ms	3343 ms	1.4
FRExt -> CBP	3313 ms	1610 ms	2

TABLEAU 4.11 – Temps de reconfiguration entre deux profils (CBP et FRExt) de la norme MPEG-4 partie 10.

Le deuxième scénario, présenté en tableau 4.11, utilise la mise en œuvre de référence MPEG RVC de la norme MPEG-4 partie 10 sur le profil *Constrained Baseline Profile* (CBP) (*cf.* section 2.2.3), avec une mise en œuvre propriétaire du profil Fidelity Range Extensions (FRExt). Le décodeur de référence CBP utilise 56 acteurs, instanciés sur les 105 sommets de son graphe de configuration. Le décodeur propriétaire FRExt utilise 74 acteurs, instanciés sur les 128 sommets de son graphe de configuration. 85 instances soit 66% de la configuration FRExt sont réutilisées entre ces deux configurations.

Une différence majeure entre ces deux configurations est qu'ils utilisent deux parseurs différents. Le parseur étant l'acteur le plus complexe du graphe (il représente 1/5 de la description totale du décodeur), les performances en reconfiguration sont plus légères qu'attendues, mais montrent tout de même un gain supérieur à 1.5 lors du passage de ces deux configurations. Par ailleurs, des travaux sont actuellement en cours au sein de l'EPFL afin d'unifier ces deux configurations, *i.e.* même parseur et de nombreux acteurs commun. Le résultat de cette fusion permettrait d'augmenter les performances de cette optimisation à des taux supérieurs car, si on se réfère à la figure 2.13, section 2.2.3, le passage de CBP à FRExt nécessiterait l'ajout des fonctionnalités $CABAC$ et $INTRA8X8$. A l'inverse le passage d'un profil FRExt au profil CBP ne nécessiterait que la suppression de ces fonctionnalités.

4.4.6   Ordonnancement multi-cœur et hiérarchique

Les deux expérimentations présentées dans cette section permettent de mettre en évidence les stratégies d'ordonnancement présentées en section 3.4 et en section 3.5 du chapitre 3. Elles sont réalisées sur un processeur Core2Duo (*X64*) cadencé à 2.40 GHz et tournant sur *Windows 7*. La première expérimentation de cette section introduit les propriétés multi-cœurs de notre plate-forme de test. Pour cela, l'exécution de l'ordonnanceur RR est divisée sur un et deux threads POSIX dans la MVU avec une distribution manuelle de ces acteurs entre ces threads.

	1 proc.	2 proc.	Gain
MPEG-4 SP	24,9 fps	44,4 fps	1.7
MPEG-4 AVC	34,4 fps	67,4 fps	1.9

TABLEAU 4.12 – Performances en décodage avec un et deux processus sur les décodeurs de référence MPEG-4 partie 2 *Simple Profile* et MPEG-4 partie 10 Constrained Baseline Profile.

Ces résultats préliminaires montrent que le bénéfice d'une exécution multi-cœur est réel et peut même réduire le surcoût provoqué par l'utilisation d'un ordonnanceur RR, par un gain obtenu supérieur à 2 dans le cas d'une répartition sur une configuration MPEG-4 partie 10. D'autres expérimentations, non réalisées dans le cadre de cette thèse sur une MVU, mais publiées dans [YCWR11], montrent qu'une distribution d'acteurs sur quatre processus, déterminée par un algorithme génétique, permet d'obtenir des gains allant jusqu'à 3,36. La MVU serait donc également capable de bénéficier de ces gains.

La deuxième expérimentation de cette section, présentée en tableau 4.13, montre l'impact d'un ordonnancement hiérarchique sur l'exécution d'une application avec un processus unique. L'application de référence MPEG RVC de la norme MPEG-4 partie 2 a le désavantage d'une représentation relativement gros-grain. Ainsi, la seule région statique identifiée par notre algorithme correspond à la région de transformation inverse en cosinus discret (*Inverse Discrete Cosine Transformation* ou IDCT) présentée en section 2.2.2. Ainsi, seulement 8 instances de ce graphe sont fusionnées en une unique région. Le gain obtenu par l'ordonnancement hiérarchique montre cependant un gain de 25% sur les performances totales du décodeur.

Decoder	sans fusion	avec fusion	Gain
SP (RVC)	24,9 fps	31 fps	1.25
AVC (RVC)	34,4 fps	59 fps	1.63

TABLEAU 4.13 – Impact de l'ordonnacement hiérarchique (*fusion*) sur les performances en décodage des décodeurs de référence MPEG-4 partie 2 *Simple Profile* et MPEG-4 partie 10 *Constrained Baseline Profile*.

L'application de référence de la norme MPEG-4 partie 10 dispose d'une description à grain plus fin. Ainsi, 30 instances du graphe sont fusionnées en 8 régions statiques, avec un gain obtenu supérieur à 50 % sur les performances totales du décodeur. Par ailleurs, l'application de notre algorithme est négligeable sur le temps de configuration total du décodeur, avec un temps de calcul inférieur à 300 ms sur ces deux configurations.

4.5   Conclusion

Ce chapitre présente la mise en œuvre de nos contributions théoriques sur MV existantes. Le choix de l'infrastructure de compilation LLVM est motivé par ses fonctionnalités minimales qui lui permettent de se consacrer uniquement aux performances des applications.

Réaliser une MVU complète nécessite le développement de deux éléments :

1. un générateur de code RCM dont le jeu d'instructions qui décrit ses procédures se fonde sur la LLVA,

2. un moteur d'exécution qui se fonde sur les librairies LLVM pour la compilation et l'exécution de la RCM.

Nous intégrons finalement la MVU et le générateur de RCM au sein de l'environnement multimédia GPAC pour produire un décodeur universel capable :

1. d'encapsuler et de désencapsuler une description par MPEG-B partie 4 d'un réseau de décodeur,

2. de générer automatiquement la description correspondante pour décoder un flux multimédia.

Nous avons ainsi mis en œuvre un premier exemple "grand public" et simple d'utilisation de la MVU.

Les tests effectués sur la MVU démontrent les avantages de l'approche développée : *compacité* des descriptions utilisées par la MVU et *portabilité* de la MVU en termes de combinaisons de processeurs et de SE. Les tests ont également mis en évidence que les temps d'optimisation et de compilation au niveau de la MVU peuvent devenir prohibitifs pour des applications complexes. Ces problèmes sont résolus conjointement par :

1. la recompilation dynamique qui minimise les compilations dans le cas d'instances similaires entre configurations,

2. l'optimisation dynamique qui réduit le nombre de passes d'optimisations.

L'ensemble des acteurs produit par le générateur de RCM subit tout d'abord une phase d'optimisation "agressive" hors ligne, *i.e.* en dehors des temps de configuration dynamique de la MVU. Ensuite, la phase d'optimisation par la MVU ne concerne qu'un sous-ensemble de passes sélectionnées selon leur consommation de ressources et leur efficacité.

Enfin, les capacités multi-cœur de la MVU sont validées et l'ordonnancement hiérarchique sur les applications apportent un gain allant jusqu'à 50 % sur les performances des applications de références.

Chapitre 5

Conclusion

5.1 Synthèse des contributions

Notre contribution porte sur l'abstraction des architectures des machines dans les MV pour le traitement parallèle des applications.

Nous avons tout d'abord analysé les caractéristiques générales communes à toutes les MV :

– un *modèle de représentation* qui abstrait les instructions d'une application,
– un *modèle d'exécution* qui simule le fonctionnement d'une pile d'exécution ou de registres.

Si ces deux modèles de représentation sont capables de rendre les applications portables, ils ne permettent pas en revanche d'exprimer la concurrence sur ses instructions. Or, celle-ci est indispensable pour traiter une application de manière parallèle selon les ressources disponibles sur la plate-forme hôte. Le recours aux threads et à leurs primitives de synchronisation résout l'expression de la concurrence. Toutefois, leur mise en œuvre peut se révéler complexe et source d'erreurs.

Dans ce contexte, nous proposons une solution globale de modélisation par graphe flux de données. Parmi les deux façons de formaliser cette représentation (processus de Kahn et acteurs flux de données), les fonctionnalités restent équivalentes :

– les *sommets* du graphe de l'application correspondent aux opérations,
– les *arcs* représentent le flux de données passant au travers de ces opérations.

Nous avons choisi le modèle par acteurs flux de données parce qu'il ne nécessite pas d'environnement de suspension et de reprise de processus. En effet, la possibilité d'exécuter un grand nombre de tâches en concurrence dans une application nécessite une granularité fine de description sur les opérations d'un graphe. Les acteurs flux de données sont mieux adaptés car leur ordonnancement se réalise sans changement de contexte. Par l'utilisation de graphe de flux de données, la concurrence entre les opérations d'un graphe devient alors explicite.

Exploiter un nouveau formalisme de description d'applications nécessite de modifier les règles de programmation. Les opérations d'un graphe flux de données dépendent d'une sémantique de programmation flux de données formant la programmation orientée acteur. Le langage CAL est un *Domain-Specific programming Language* qui simplifie la description du comportement des acteurs d'un graphe flux de données grâce à une sémantique claire et rigoureuse pour exprimer les règles de tir et les fonctions de tir des acteurs. C'est pourquoi nous avons retenu le langage CAL conjointement à la représentation par graphe de flux de données pour définir un nouveau modèle de représentation d'applications pour les MV. Son atout est alors d'abstraire le nombre de ressources de calcul nécessaires à son exécution. Ce nouveau type de MV est nommé Machine Virtuelle Universelle (MVU).

Pour démontrer la pertinence du concept de MVU, nous avons retenu MPEG RVC et son cadre normatif pour la représentation flux de données. Outre garantir la pérennité du modèle utilisé, il fournit les applications de référence des décodeurs MPEG. L'avantage est que la MVU ajoute un aspect dynamique à ces applications jusqu'ici inexploité par la technologie MPEG RVC. Une description de décodeur peut ainsi être générée à la volée selon le type de contenu à traiter. Si l'on fournit la description d'un décodeur conjointement avec le flux codé correspondant, la MVU devient alors un décodeur universel capable d'interpréter n'importe quel flux, sans connaissance *a priori* sur les méthodes utilisées pour compresser ce flux. Nous définissons ainsi une application directe de notre contribution.

Pour valider notre approche de représentation par graphe de flux de données, une première contribution a consisté à développer un nouveau décodeur conforme à la norme MPEG-4 partie 10 par le formalisme MPEG RVC. L'avantage obtenu est une topologie de décodeur claire et facilement reconfigurable.

Les contributions de cette thèse sont principalement concentrées sur la mise en avant des capacités de portabilité et de modularité de la MVU. Pour rendre opérationnelle la MVU, nous avons réalisé trois contributions portant sur :

- le *modèle de représentation* d'une programmation orientée acteur (RCM) adaptée aux propriétés des réseaux flux de données et d'exécution des MV,
- le *modèle d'adaptation* de la représentation flux de données vers un modèle impératif de programmation pour le rendre exécutable par une MV,
- le *modèle d'ordonnancement* des acteurs flux de données afin d'adapter la concurrence explicite d'une application selon l'architecture d'une machine.

La méthode d'optimisation dynamique sur l'ordonnancement des acteurs flux de données et celle sur la recompilation dynamique que nous avons développées ont mis en évidence la pertinence d'une représentation par graphe de flux de données dans un contexte de MV.

Pour garantir la portabilité de la MVU, nous avons sélectionné l'infrastructure de compilation LLVM en raison de ses performances en exécution sept fois supérieures à une MV de type JVM, pourtant plus largement utilisée. Les tests sur la LLVM justifient l'apport d'une exécution dynamique d'applications car, comparée à une compilation et une exécution statique, elle n'altère pas les performances. Le recours à l'environnement de compilation Orcc présente l'avantage de réutiliser un grand nombre de ses transformations pour générer la RCM. En effet, le jeu d'instruction de la RI d'Orcc offre des propriétés similaires à celui de la LLVA. Les librairies de l'infrastructure LLVM, en raison de leur modularité, permettent également de simplifier le développement de la MVU.

Au final, nous disposons d'une plate-forme de test complète pour évaluer les performances de notre approche. Les applications de test sont les applications de références MPEG. Des expérimentations, il ressort que :

- le modèle de RCM est compact avec un gain de 3% par rapport au bitcode Java,
- les temps d'optimisation et de compilation de la LLVM sont respectivement réduits de moitié par l'optimisation dynamique et par la recompilation dynamique,
- la MVU est portable sur de nombreuses configurations de processeurs et de SE, incluant les systèmes embarqués,
- l'ordonnancement hiérarchique réduit d'un quart le surcoût de l'ordonnanceur dynamique,
- l'exécution scalable des applications permet de prendre efficacement en compte le nombre de processeurs dont une machine hôte dispose.

5.2 Perspectives

A l'issue des recherches conduites lors de ma formation doctorale, les perspectives ouvertes s'inscrivent aussi bien à des horizons temporels courts pour des enjeux techniques que longs pour des enjeux technologiques ou des innovations de rupture. Nous présentons ainsi dans cette section deux innovations techniques pour améliorer les performances de la MVU et trois axes de recherche représentant des enjeux technologiques majeurs pour démocratiser notre approche.

5.2.1   Stratégie   d'ordonnancement   data-driven/demand-driven

L'ordonnanceur Round-Robin utilisé dans la MVU teste de manière cyclique et aveugle tous les acteurs d'un graphe flux de données, sans *a priori* sur la topologie du graphe. D'autres méthodes existent dans la littérature afin d'apporter plus de visibilité sur ce graphe. Ainsi, Orcc génère un ordonnanceur d'acteurs conforme à la stratégie *data-driven/demand driven* lors de la synthèse d'application [YCWR11]. Ce nouvel ordonnanceur est capable d'activer l'exécution des acteurs en fonction de leurs besoins :

- lorsqu'un acteur n'est plus en capacité de tirer une action car une FIFO connectée à l'un de ses ports d'entrée est vide, l'ordonnanceur active l'acteur précédent, selon le graphe de l'application, dont l'un de ses ports de sortie est connecté à cette FIFO.
- lorsqu'un acteur n'est plus en capacité de tirer car une FIFO connectée à l'un de ses ports de sortie est pleine, l'ordonnanceur active l'acteur suivant, selon le graphe de l'application, dont l'un des ports d'entrée est connecté à cette FIFO.

Cet ordonnanceur permet de limiter le nombre de tests inutiles sur les règles de tir à chaque changement d'acteurs, si on le compare à une stratégie de type Round-Robin. Son utilisation est recommandée sur des applications disposant de nombreux acteurs où les rythmes de tirs sont asymétriques, *e.g.* son utilisation sur les décodeurs multimédia apportent un gain allant jusqu'à 6 fois les performances d'une stratégie Round-Robin [YCWR11]. Cette stratégie est donc à intégrer à la MVU.

5.2.2   Réduction de la complexité d'accès des FIFO

L'exécution d'une application provenant d'un graphe flux de données induit une utilisation massive des FIFO, où chaque quantum d'exécution nécessite une lecture/écriture de données au travers de FIFO. Chaque accès en lecture dans une FIFO de la MVU implique le calcul du nombre de jetons présents et l'incrémentation de l'index de lecture. Chaque accès en écriture dans une FIFO de la MVU implique le calcul du nombre de places disponibles dans la FIFO et l'incrémentation de l'index d'écriture. Les FIFO utilisées étant circulaires, il est possible que l'index d'écriture pointe vers une case mémoire se trouvant avant l'index de lecture. L'accès en lecture ou en écriture de plusieurs jetons par une seule action (*Repeat*) nécessite de protéger ces accès contre le dépassement de mémoire. Dans [Wip10], l'auteur identifie le surcoût c provoquer par l'accès à n jetons sur une FIFO comme $c \times (n-1)$ par rapport à l'accès à un unique jeton dans cette même FIFO.

Pour remédier à ce problème, Orcc n'appelle pas des fonctions de lecture/écriture sur les FIFOs, mais établit une copie locale des pointeurs de lecture et écriture provenant des FIFO. L'accès au FIFO est ainsi remplacé par des références de la forme *jetons*[*index%TAILLE*] où *jetons* est le tableau interne à la FIFO, *index* est l'index de lecture ou d'écriture de la FIFO, *TAILLE* est la taille constante de la FIFO. Nous pouvons ainsi remarquer que le calcul de protection sur les accès mémoires se limite à une simple opération de modulo (%).

Dans [YCWR11], les auteurs optimisent également les accès FIFO par la suppression des instances de broadcast présentées en section 4.3.3. Plutôt que de transformer le graphe d'une application lorsque plusieurs arcs se connectent à une même sortie d'acteur, il définit une nouvelle FIFO disposant de plusieurs index de lecture et d'écriture. Le nombre d'instances dans le graphe est ainsi réduit, ce qui limite le surcoût provoqué par l'ordonnanceur d'acteurs.

La structure modulaire de la MVU permet d'introduire aisément cette nouvelle méthode d'ordonnancement ainsi que ces nouvelles FIFO. La MVU serait ainsi à jour sur les dernières recherches effectuées dans le domaine de la modélisation flux de données et ses performances serait plus cohérentes avec la génération de code C de l'environnement Orcc.

5.2.3   Enjeux technologiques

Bien que la MVU soit pleinement fonctionnelle pour l'expérimentation sur des applications ayant trait au codage vidéo reconfigurable, de nombreux problèmes restent encore ouverts pour déterminer sa viabilité vers une utilisation industrielle. Ils concernent principalement :

1. les temps de compilation de la MVU trop importants et les performances en exécution trop faibles ce qui limite son utilisation sur des systèmes embarqués,

2. le nombre de processeurs actuel dans les machines qui ne permet pas encore d'évaluer pleinement l'intérêt de la MVU,

3. l'absence de méthode pour évaluer une distribution efficace d'une application indépendante du type de flux d'entrée.

Cependant, cette thèse ouvre de nombreux axes de recherches qui pourraient, à terme, justifier une utilisation plus large que le domaine expérimental.

En effet, dans un contexte MPEG RVC, nous n'avons encore développé aucun processus capable de réutiliser une application déjà compilée par la MVU pour décoder des flux provenant de normes similaires. Ainsi, le processus de recompilation dynamique perd son intérêt si le passage entre deux décodeurs ne dispose que de très peu de réutilisation possible. Pourtant, la librairie LLVM utilisée est capable de sauvegarder dans des fichiers une application en mémoire déjà compilée. Le nombre de décodeur existant à l'heure actuelle est encore assez faible, *i.e.* de nombreux flux codés requerront le même décodeur. L'utilisation d'un mécanisme de sauvegarde d'applications déjà compilées, associée aux algorithmes de recompilation partielle de programme, permettra à terme, et sur une même plate-forme, de réduire voire de supprimer la compilation pour l'instant obligatoire de la MVU à chaque changement de flux.

Un deuxième point porte sur le surcoût d'un ordonnancement dynamique qui peut être totalement supprimé par l'utilisation d'un ordonnancement statique. Nous avons exploré cet axe au cours de nos recherches par le développement d'un ordonnanceur hiérarchique. Le nombre de région à caractère statique que nous détectons est encore faible sur les applications de test mais elle peut être améliorée par la prise en compte des acteurs ayant des comportements quasi-statiques. En effet, il existe de nombreux *a priori* sur ces acteurs car leurs parties dynamiques et statiques peuvent être identifiées par les méthodes d'ordonnancement quasi-statiques présentées en section 1.2.3 du chapitre 1. La prise en compte de ces méthodes d'ordonnancement permettrait de développer une nouvelle topologie sur les stratégies d'ordonnancement où le niveau supérieur serait dynamique, le niveau inférieur serait statique et le niveau intermédiaire serait quasi-statique. Cette nouvelle méthode d'ordonnancement réduirait grandement la complexité d'ordonnancement dynamique et provoquerait une meilleure distribution des acteurs entre processus.

Le traitement parallèle des applications peut être également amélioré sur les PC traditionnels et sur les systèmes embarqués par l'utilisation des GPU et/ou des DSP présents dans l'architecture de la machine hôte. L'un des axes envisagés dans la suite de cette thèse repose sur l'utilisation conjointe de la MVU avec l'API et le langage de programmation OpenCL [Mun08]. OpenCL permettrait à la MVU d'utiliser un traitement parallèle de ses applications sur des ressources hétérogènes comprenant à la fois un CPU multi-cœurs et un GPU. La MVU pourrait ainsi devenir un outil particulièrement utile dans le nouveau de contexte de normalisation Reconfigurable Graphic Coding (RGC), fondé sur des descriptions conformes à MPEG-B partie 4 et dédié aux applications de traitement de contenu 3D.

Annexe A

Evolution du processus de normalisation MPEG

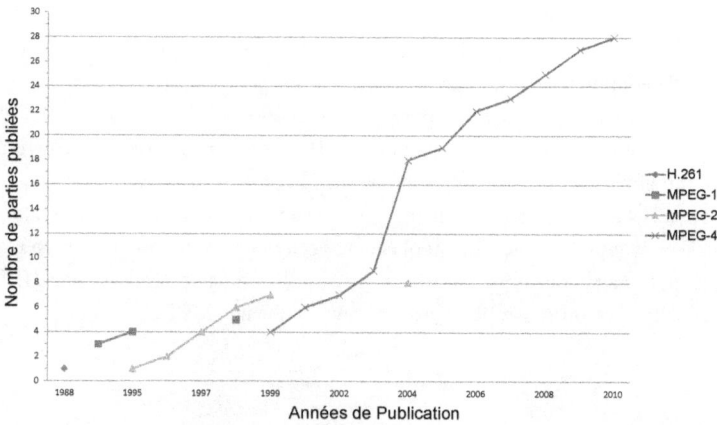

FIGURE A.1 – Evolution du nombre de parties de norme publiées par le groupe MPEG

Le *Moving Picture Experts Group* (MPEG) est un groupe de travail de l'ISO (*Organisme de Normalisation International*) et de la CEI (*Commission Electrotechnique Internationale*) pour le développement de normes de compression et de transmission de contenu vidéo et audio. La figure A.1 illustre les étapes de développement des différentes normes produites par MPEG depuis la création de ce groupe. Chacune de ces normes représente une spécification d'un format de représentation binaire pour la transmission d'un flux vidéo codé ainsi qu'un jeu de règles pour son interprétation par le décodeur. Une norme de codage ne décrit aucun processus de compression ni de design de codeur/décodeur ; le choix de mise en œuvre de cette norme est donc libre aux développeurs de décodeurs. Un format de représentation normalisé MPEG se réfère à la *syntaxe* d'un flux pour la création d'une séquence de données appelée *bitstream*. Les règles d'interprétation de ce flux représentent la *sémantique de décodage* et l'ensemble de ces règles forme un *processus de décodage*.

A.1 Du codage et de la transmission vidéo...

Le groupe MPEG fut initialement formé à la suite des résultats obtenus par la recommandation H.261 [Lio91] dans le but de développer une première norme internationale pour le codage vidéo. Ces travaux mènent à la création de la norme MPEG-1 en 1988, offrant une compression audio et vidéo de qualité VHS pour une transmission sur des canaux à faibles débits, inférieur à 1,5 Mbit/s. Les trois premières parties de cette norme (*Système*, *Vidéo* et *Audio*) sont publiés en 1993. La syntaxe de flux introduit par MPEG-1 supporte un panel de méthodes de codages exploitant les redondances spatiales et temporelles d'une vidéo. Le codage d'image dit *Intra* (I) élimine les redondances spatiales d'une vidéo via l'utilisation d'une méthode de compression bloc basée sur la Transformation en Cosinus Discrète (DCT). Les images Prédictives (P) et Bi-prédictives (B) exploitent les redondances temporelles d'une vidéo via une prédiction basée sur la compensation de mouvement. Une image P ou B s'appuie donc sur une image précédemment décodée, appelée *image de référence*, et éventuellement d'un ou plusieurs *vecteurs de mouvement* pour la reconstruction de l'image courante. Tous les principes de codage introduits par MPEG-1 seront réutilisés et optimisés dans les prochaines normes MPEG.

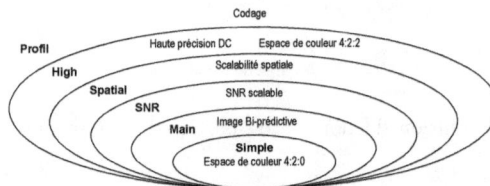

FIGURE A.2 – Structuration de la norme MPEG-2 en *Profils*

Suivant les évolutions du marché, MPEG produit en 1994 la norme MPEG-2 [BBQ+97] qui sera largement diffusée par les réseaux de transmission de télévision numérique et les supports optiques tels que les DVD. La norme MPEG-2 est définie comme une couche supérieure à la norme MPEG-1, c'est-à-dire qu'un décodeur vidéo conforme à MPEG-2 supporte les bitstreams encodés selon les principes définis dans MPEG-1. Ses outils de codages sont adaptés à une compression de contenu vidéo à haute résolution, avec le support de contenu entrelacé et des espaces de couleurs supérieurs à 4 : 2 : 0. La norme MPEG-2 introduit en outre une nouvelle structure de spécification d'outils de codage sous la forme de *profils* et de *niveaux*. Cette structure permet d'obtenir un compromis entre efficacité de compression et puissance de calcul nécessaires à la décompression. Un *profil*, représenté en figure A.2, correspond à un sous-ensemble de sémantique de codage à utiliser dans un contexte donné. Un *niveau* correspond à un sous-ensemble de fonctionnalités supportées par une implémentation de décodeur, comme la taille ou la cadence maximale d'images dans une vidéo. La division de cette norme en profils et niveaux, notée *profile@level*, permet de fournir une gamme de configuration de décodeur capable de s'adapter aux caractéristiques de différents terminaux et de différents canaux de transmission. De nouvelles perspectives de codage vidéo y sont par ailleurs explorées comme la définition d'un mode de transport pour le bitstream (MPEG Transport Stream), le support du codage multi-résolution (*scalable*) ou du codage stéréoscopique (3D). Une partie 5 est adjointe à cette norme en 1996 définissant une mise en œuvre de référence d'un codeur et d'un décodeur conforme à la norme MPEG-2 sous la forme d'un code source C.

A.2   ... à la gestion de contenu multimédia riche

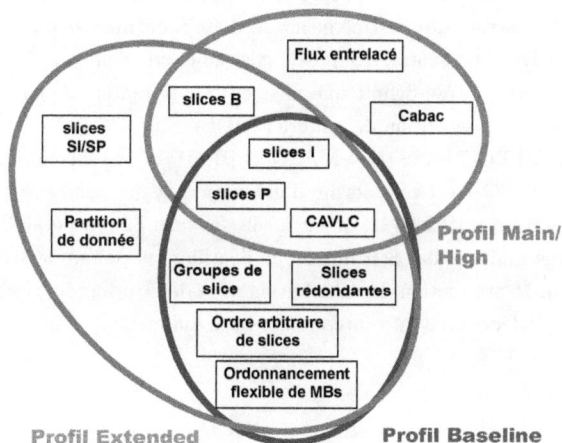

FIGURE A.3 – Structuration de la partie 10 de la norme MPEG-4 en *Profils*

La norme MPEG-4 [Ric03], initiée en 1998 et toujours en cours d'élaboration, étend son domaine d'application à la représentation de scène 3D (*VRML*), à la gestion des droits numériques (*DRM*) et à l'interaction entre divers objets animés contenus dans une scène (*BIFS*). L'éventail de possibilités offertes par les 28 parties de cette norme est vaste et il n'existe à ce jour aucun décodeur capable de supporter l'ensemble des fonctionnalités de cette norme. La plupart des applications proposées sortent du cadre de la simple transmission de contenu vidéo. La partie 2 de cette norme se concentre sur les aspects compression d'un contenu vidéo avec la définition de 21 profils de décodeur. Les mises en œuvre de cette partie 2 utilisent globalement le profil *Advanced Simple Profile* (ASP) et son sous-ensemble *Simple Profile* (SP) dédiés aux plates-formes embarquées.

En 2001, l'*International Telecommunications Union Video*(ITU) *Video Coding Experts Group* (VCEG) se joint au groupe MPEG pour former le *Joint Video Team* (JVT). Cette collaboration aboutit à la définition de la partie 10 de la norme MPEG-4 connue sous le nom d'*Advanced Video Coding* (AVC) ou H.264. La norme AVC optimise les fonctionnalités ayant fait le succès de MPEG-1 et de MPEG-2 pour obtenir des taux de compressions deux fois supérieurs à MPEG-2 et une flexibilité accrue, couvrant les applications de streaming vidéo à faible débit et les contenus Haute-Définition. La figure A.3 représente le partitionnement des outils de codage AVC en profils et niveaux. Son extension, *Scalable Video Coding* (SVC) [SMW07], en annexe G améliore le codage multi-résolution introduit par MPEG-2 en ajoutant des principes de scalabilité temporelle et son amendement 1, le *Multiview Video Coding* (MVC) [Ohm99], étend le codage stéréoscopique au contenu multi-vu pour la télévision 3D. La partie 5 de cette même norme définit une mise en œuvre de référence en code *C*, la partie 7 présente cette même mise en œuvre sous une forme optimisée. La partie 9 de cette norme définit une mise en œuvre matérielle de référence sous forme de langage de description de matériel (HDL).

Les normes MPEG-7 [MSS02] et MPEG-21 [BVdWH+03] sortent du domaine du codage vidéo. MPEG-7 est une norme d'indexation et de recherche de documents multimédia. La norme MPEG-21, quant à elle, favorise l'interopérabilité parmi différents contenus multimédia. Son but est d'identifier les points de standardisation nécessaires pour la production, la distribution et la description de contenu multimédia de manière indépendante à toute architecture matérielle.

Annexe B

Le Bitstream Syntax Description Language

B.1 Description de la syntaxe du bitstream

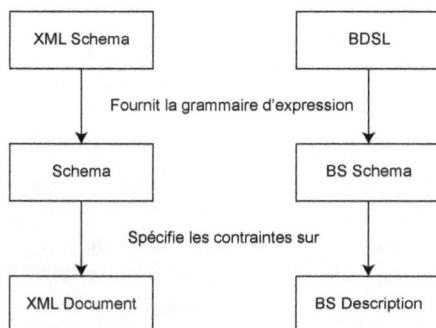

FIGURE B.1 – Relation entre XML Schema et BSDL

L'annexe C de la norme MPEG-B partie 4 [ISO09] définit la syntaxe du RVC-BSDL. RVC-BSDL est un langage fondé sur W3C *XML Schema* pour la description haut-niveau de la structure d'un bitstream vidéo. RVC-BSDL est un dérivé du BSDL, un langage normalisé dans MPEG-B partie 5 [ISO08a] utilisé dans cette norme comme syntaxe de description pour une représentation générique et *scalable* de contenu multimédia (GOPs [1], frames, slices..). La figure B.1 illustre la relation entre un Schema XML et le BSDL. Dans un environnement XML Schema, un document *XML Schema* fournit la syntaxe et la sémantique d'expression d'un *Schema*, et un *Schema* spécifie les contraintes de génération d'un *document XML*. Ainsi,

---

1. GOP : Group Of Pictures

dans un environnement BSDL, le *BSDL* spécifie la sémantique de description d'un document *BS Schema*. Un document *BS Schema* spécifie la sémantique de parsing d'un bitstream et une *description BS* (BSD) désigne une séquence de données de bitstream.

```
<xsd:element name="video_object_layer_width" type="bs1:b13" rvc:port="width"/>
```

FIGURE B.2 – Attribut supplémentaire du RVC-BSDL sur le BSDL

RVC-BSDL étend l'utilisation du BSDL à la génération automatique de parseur de bitstream conforme à MPEG-RVC. Un BS Schema généré à partir d'une sémantique RVC-BSDL permet de définir le comportement d'un parseur à l'intérieur d'une configuration de décodeur. RVC-BSDL ajoute au BSDL un ensemble de propriétés pour la création d'acteurs conforme à MPEG RVC. L'attribut *rvc :port* permet de définir la correspondance entre un élément de syntaxe d'un bitstream et la production de jeton sur un réseau de décodeur. La figure B.2 est un exemple d'utilisation de l'attribut *rvc :port*, où un élément de *bitstream video_ object_ layer_ width* est produit sur un port *width*.

```
<xsd:element name="DCTCoefficient" type="rvc:ext" rvc:port="MPEG4_part2_B16"/>
```

FIGURE B.3 – Type supplémentaire du RVC-BSDL sur le BSDL

Certaines tâches de parsing de décodeur RVC peuvent être définies en dehors d'un BS Schema. C'est par exemple le cas des algorithmes de VLD, CAVLD ou CABAC qui sont définies à l'intérieur de FUs normalisées dans MPEG-C partie 4. RVC-BSDL spécifie un nouveau type *rvc :ext* qui indique qu'une portion de bitstream doit être décodée par une FU normalisée dans MPEG-C partie 4 et donc externe au parseur. La figure B.3 illustre l'utilisation du type *rvc :ext* qui définit ici un schéma de communication entre une portion de bitstream (*DCTCoefficient*) et une FU externe (*MPEG4_ part2_ B16*).

RVC-BSDL repose sur les principes du BSDL pour la description d'une séquence de données d'un bitstream sous la forme *Bitstream Description Syntax* (BSD). L'interprétation liée à une séquence de données nécessite en général la lecture d'un seul ou plusieurs bits. RVC-BSDL indique la longueur de chacune de ces séquences dans un format textuel composé d'entiers, de valeurs hexadécimales ou de chaînes de caractères.

La figure B.4 est un exemple de description de la syntaxe d'une séquence de données conforme à la norme MPEG-4 partie 10 (*AVC*). La figure B.4(a) représente la syntaxe du flux sous forme d'un Schema RVC-BSDL. Dans cet exemple, la valeur

```
<element name="NALUnit"
  bs2:ifNext="00000001">
<xsd:sequence>
  <xsd:element name="startCode" type="avc:hex4" fixed="00000001"/>
  <xsd:element name="nalUnit" type="avc:NALUnitType"/>
  <xsd:element ref="payload"/>
</xsd:sequence>
<!-- Type du NALUnitType -->
<xsd:complexType name="NALUnitType">
  <xsd:sequence>
    <xsd:element name="forbidden_zero_bit" type="bs1:b1" fixed="0"/>
    <xsd:element name="nal_ref_idc" type="bs1:b2"/>
    <xsd:element name="nal_unit_type" type="bs1:b5"/>
  </xsd:sequence>
</xsd:complexType>
```

(a) Fragment d'un Schéma RVC-BSDL de la norme MPEG-4 AVC

```
<NALUnit>
  <startCode>00000001</startCode>
  <forbidden0bit>0</forbidden0bit>
  <nalReference>3</nalReference>
  <nalUnitType>20</nalUnitType>
  <payload>5 100</payload>
</NALUnit>
```

(b) Fragment d'un bitstream MPEG-4 AVC définit par Bitstream Syntax Description (BSD)

FIGURE B.4 – Représentation d'une syntaxe de bitstream en BSDL et d'une séquence BSD correspondante hexadécimale $0x01$ permet la détection d'un *code de démarrage*. La figure B.4(b) représente une séquence de données sous la forme BSD respectant les consignes fixées par le Schema BS. Le formalisme RVC-BSDL autorise une description hiérarchique de la syntaxe du bitstream. Cette structure hiérarchique permet de définir l'ajout ou le retrait de fonctionnalités d'un parseur par une simple modification de balise et ainsi de personnaliser la sémantique d'un bitstream en fonction d'un profil donné.

B.2   Les outils de validation RVC-BSDL

Le langage de description de bitstream RVC-BSDL est principalement supporté par deux outils *BinToBsd* et *BsdToBin* provenant des recherches effectuées sur le BSDL [PHH+03]. BsdToBin est un parseur de description BSD utilisé pour la génération de flux binaire. Il s'appuie sur un ensemble de BS Schema, nommé BSDL-1 [AD02], donnant la correspondance entre un élément d'un document BSD vers une sémantique binaire d'un bitstream. BinToBsd réalise l'opération inverse et analyse la séquence d'un bitstream pour produire une description BSD par l'application d'une transformation fondée BSDL-2 [PHH+03].

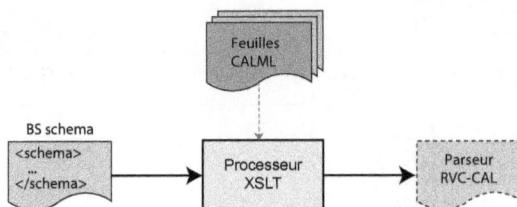

FIGURE B.5 – Transformation de Schéma BS vers un parseur RVC-CAL.

Les travaux amorcés dans MPEG-RVC sur RVC-BSDL s'appuient sur un ensemble de feuilles de transformation *eXtensible Stylesheet Language Transformations* (XSLT), appelées CALML [LPM09], pour la transformation de BS Schema en une représentation RVC-CAL de parseurs. La figure B.5 illustre l'étape de transformation d'un Schéma BS en parseur RVC-CAL. Les outils BsdToBin et BinToBsd sont utilisés pour la validation d'un BS Schéma originel selon la figure B.6. La validation peut se dérouler selon deux processus distincts :

- Le bitstream originel est comparé à celui produit par l'opération identité "bintoBSD-BSDtobin". Le flux binaire résultant doit être identique à la séquence source.
- La description BSD générée après une première opération "bintoBSD" est comparée à l'opération identité "BSDtobin-bintoBSD". Les deux descriptions

BSD doivent être identiques.

Une partie restreinte de RVC-BSDL est à l'heure actuelle supportée par ces deux processus de validation et de génération [LPM09]. Certaines parties complexes d'un parseur requièrent l'ajout de code JavaScripts et nécessitent une analyse et une transformation plus complexes pour sa génération RVC-CAL. Ce code JavaScript est par ailleurs non supporté par BsdToBin et BinToBsd.

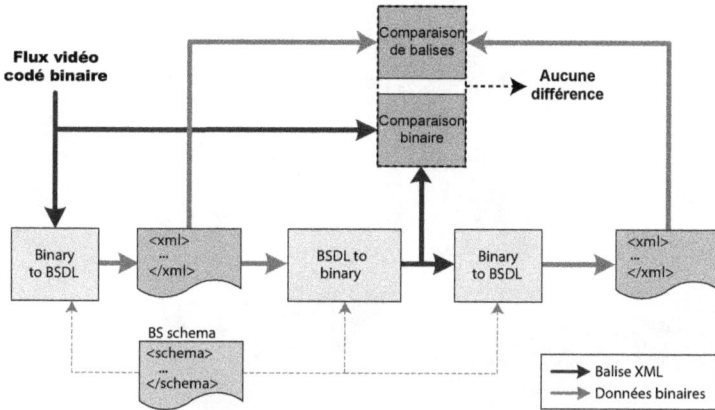

FIGURE B.6 – Validation d'un Schéma BS.

Table des figures

Liste des tableaux

Bibliographie

[ABB64]   G.M. AMDAHL, G.A. BLAAUW et FP BROOKS : Architecture of
            the IBM System/360. *IBM Journal of Research and Development*,
            8(2):87–101, 1964.

[ACV+06]   M. ALDINUCCI, M. COPPOLA, M. VANNESCHI, C. ZOCCOLO et
            M. DANELUTTO : ASSIST as a research framework for high-
            performance Grid programming environments. *Grid computing : Soft-
            ware environments and tools*, pages 230–256, 2006.

[AD02]   M. AMIELH et S. DEVILLERS : Bitstream syntax description lan-
            guage : Application of XML-Schema to multimedia content adapta-
            tion. *In WWW2002 : The Eleventh International World Wide Web
            Conference*, pages 7–11, 2002.

[AEH+00]   O. AVARO, A. ELEFTHERIADIS, C. HERPEL, G. RAJAN et L. WARD :
            Mpeg-4 systems : Overview* 1. *Signal Processing : Image Communi-
            cation*, 15(4-5):281–298, 2000.

[AH00]   J. AYCOCK et N. HORSPOOL : Simple generation of static single-
            assignment form. *In Compiler Construction*, pages 110–125. Springer,
            2000.

[ALB+03]   Vikram ADVE, Chris LATTNER, Michael BRUKMAN, Anand SHUKLA
            et Brian GAEKE : LLVA : A Low-level Virtual Instruction Set Archi-
            tecture. *In Proceedings of the 36th annual ACM/IEEE international
            symposium on Microarchitecture (MICRO-36)*, San Diego, California,
            Dec 2003.

[ALR+09]   I. AMER, C. LUCARZ, G. ROQUIER, M. MATTAVELLI, M. RAULET,
            J.F. NEZAN et O. DÉFORGES : Reconfigurable video coding on mul-
            ticore. *Signal Processing Magazine, IEEE*, 26(6):113–123, 2009.

[AN90]   K. ARVIND et R.S. NIKHIL : Executing a program on the MIT tagged-
            token dataflow architecture. *IEEE Transactions on Computers*, 39(3):
            300–318, 1990.

[Ayc03]   J. AYCOCK : A brief history of just-in-time. *ACM Computing Surveys (CSUR)*, 35(2):97–113, 2003.

[BB93]   J.P. BOLTON et K.N. BURGIN : Digital signal processing, avril 13 1993. US Patent 5,202,847.

[BBJ+08]   S.S. BHATTACHARYYA, G. BREBNER, J. W. JANNECK, J. EKER, C. von PLATEN, M. MATTAVELLI et M. RAULET : OpenDF : a dataflow toolset for reconfigurable hardware and multicore systems. *SIGARCH Comput. Archit. News*, 36(5):29–35, 2008.

[BBM01]   Bishnupriya BHATTACHARYA, Shuvra S. BHATTACHARYYA et Senior MEMBER : Parameterized Dataflow Modeling for DSP Systems. *IEEE Transactions on Signal Processing*, 49:2408–2421, 2001.

[BBQ+97]   M. BOSI, K. BRANDENBURG, S. QUACKENBUSH, L. FIELDER, K. AKAGIRI, H. FUCHS, M. DIETZ, J. HERRE, G. DAVIDSON et Y. OI-KAWA : ISO/IEC MPEG-2 advanced audio coding. *Journal of the Audio engineering society*, 45(10):789–814, 1997.

[BBW10]   G. BUTTAZZO, E. BINI et Y. WU : Partitioning parallel applications on multiprocessor reservations. *In 22nd Euromicro Conference on Real-Time Systems*, pages 24–33. IEEE, 2010.

[BELP96]   Greet BILSEN, Marc ENGELS, Rudy LAUWEREINS et Jean PEPERS-TRAETE : Cyclo-Static Dataflow. *IEEE transactions on signal processing*, 44(2):397–408, 1996.

[BENP93]   U. BANERJEE, R. EIGENMANN, A. NICOLAU et D.A. PADUA : Automatic program parallelization. *Proceedings of the IEEE*, 81(2):211–243, 1993.

[Bes10]   Xavier BESSERON : *Tolérance aux fautes et reconfiguration dynamique pour les applications distribuées à grande échelle.* These, Institut National Polytechnique de Grenoble - INPG, avril 2010.

[BGJ91]   Albert BENVENISTE, Paul Le GUERNIC et Christian JACQUEMOT : Synchronous programming with events and relations : the SIGNAL language and its semantics. *Sci. Comput. Program.*, 16(2):103–149, 1991.

[BGS+09]   J. BOUTELLIER, V.M. GOMEZ, O. SILVÉN, C. LUCARZ et M. MAT-TAVELLI : Multiprocessor scheduling of dataflow models within the Reconfigurable Video Coding framework. *In Conference on design and architectures for signal and image processing (DASIP)*, Sophia Antipolis, France, 2009.

[BHLM02]   J. BUCK, S. HA, E. A. LEE et D. G. MESSERSCHMITT : Ptolemy : a framework for simulating and prototyping heterogeneous systems. *Readings in hardware/software co-design*, pages 527–543, 2002.

[BL91]   B. BARRERA et E.A. LEE : Multirate signal processing in Comdisco's SPW. *In Acoustics, Speech, and Signal Processing, 1991. ICASSP-91., 1991 International Conference on*, pages 1113–1116. IEEE, 1991.

[BLL+11]   J. BOUTELLIER, C. LUCARZ, S. LAFOND, V.M. GOMEZ et M. MATTAVELLI : Quasi-static scheduling of CAL actor networks for reconfigurable video coding. *Journal of Signal Processing Systems*, 2011.

[BML95]   S.S. BHATTACHARYYA, P.K. MURTHY et Edward A. LEE : Renesting Single Appearance Schedules to Minimize Buffer Memory. Rapport technique UCB/ERL M95/43, EECS Department, University of California, Berkeley, 1995.

[BML97]   Shuvra S. BHATTACHARYYA, Praveen K. MURTHY et Edward A. LEE : APGAN and RPMC : Complementary heuristics for translating DSP block diagrams into efficient software implementations. Journal of Design Automation for Embedded Systems. *In DSP Block Diagrams into Efficient Software Implementations, DAES*, pages 33–60, 1997.

[Bow80]   K.L. BOWLES : *Beginner's Guide for the UCSD PASCAL System*. Byte Books, Peterborough, NH, 1980.

[BSL+08]   J. BOUTELLIER, V. SADHANALA, C. LUCARZ, P. BRISK et M. MATTAVELLI : Scheduling of dataflow models within the reconfigurable video coding framework. *In Signal Processing Systems, 2008. SiPS 2008. IEEE Workshop on*, pages 182–187. IEEE, 2008.

[BSR11]   J. BOUTELLIER, O. SILVÉN et M RAULET : Automatic Synthesis of TTA Processor Networks From RVC-CAL Dataflow Programs. *In Signal Processing Systems*, oct. 2011.

[Buc93]   Joseph T. BUCK : *Scheduling Dynamic Dataflow Graphs with Bounded Memory Using the Token Flow Model*. Thèse de doctorat, EECS Department, University of California, Berkeley, 1993.

[Bui05]   Jérémy BUISSON : Un modèle pour l'adaptation dynamique des programmes parallèles. *In Rencontres Francophones en Parallélisme, Architecture, Système et Composant*, Le Croisic, France, avril 2005.

[But97]   D.R. BUTENHOF : *Programming with POSIX threads*. Addison-Wesley Professional, 1997.

[BVdWH+03]   I. BURNETT, R. VAN DE WALLE, K. HILL, J. BORMANS et F. PEREIRA : MPEG-21 : goals and achievements. *Multimedia, IEEE*, 10(4):60–70, 2003.

[CES71]   E.G. COFFMAN, M. ELPHICK et A. SHOSHANI : System deadlocks. *ACM Computing Surveys (CSUR)*, 3(2):67–78, 1971.

[Cor01]   T.H. CORMEN : *Introduction to algorithms*. The MIT press, 2001.

[Cou00]   J. COUPLAND : *Small talk*. Longman, 2000.

[Cox85]   B.J. COX : *Object oriented programming*. Addison-Wesley, Reading, MA, 1985.

[Cra06]   I. CRAIG : *Virtual machines*. Springer-Verlag New York Inc, 2006.

[Dav05]   Pierre-Charles DAVID : *Développement de composants Fractal adaptatifs : un langage dédié à l\'aspect d\''adaptation*. PhD thesis, Université de Nantes école des Mines de Nantes, juillet 2005.

[DBC+03]   B. DAVIS, A. BEATTY, K. CASEY, D. GREGG et J. WALDRON : The case for virtual register machines. *In Proceedings of the 2003 workshop on Interpreters, virtual machines and emulators*, pages 41–49. ACM, 2003.

[DDD70]   E.W. DIJKSTRA, E.W. DIJKSTRA et E.W. DIJKSTRA : *Notes on structured programming*. Technological University, Dept. of Mathematics, 1970.

[Den74]   Jack B. DENNIS : First version of a data flow procedure language. *In Proceedings of the Colloque sur la Programmation*, volume 19 de *Lecture Notes in Computer Science*, pages 362–376. Springer, 1974.

[DH95]   R.D. DONY et S. HAYKIN : Optimally adaptive transform coding. *Image Processing, IEEE Transactions on*, 4(10):1358–1370, 1995.

[DIHK+08]   J. DAVIS II, C. HYLANDS, B. KIENHUIS, E.A. LEE, J. LIU, X. LIU, L. MULIADI, S. NEUENDORFFER, J. TSAY, B. VOGEL et al. : Heterogeneous concurrent modeling and design in java. *UCB/ERL Memorandum M*, 99, 2008.

[DM98]   L. DAGUM et R. MENON : OpenMP : an industry standard API for shared-memory programming. *Computational Science & Engineering, IEEE*, 5(1):46–55, 1998.

[DMCG+90]   H. DE MAN, F. CATTHOOR, G. GOOSSENS, J. VANHOOF, J. VAN MEERBERGEN, S. NOTE et J. HUISKEN : Architecture-driven synthesis techniques for mapping digital signal processing algorithms into silicon. *Proc. of the IEEE*, 78(2):319–335, 1990.

[DS90]   R.B.K. DEWAR et M. SMOSNA : *Microprocessors : a programmer's view.* McGraw-Hill, 1990.

[EJ01]   R. ESSER et J.W. JANNECK : A framework for defining domain-specific visual languages. *In Workshop on Domain Specific Visual Languages, ACM Conference on Object-Oriented Programming, Systems, Languages and Applications (OOPSLA-2001).* Citeseer, 2001.

[EJ03a]   J. EKER et J.W. JANNECK : A Structured Description Of Dataflow Actors And Its Application, May 2003.

[EJ03b]   J. EKER et J.W. JANNECK : CAL Language Report. Rapport technique ERL Technical Memo UCB/ERL M03/48, University of California at Berkeley, décembre 2003.

[EJL+03]   J. EKER, J.W. JANNECK, E.A. LEE, J. LIU, X. LIU, J. LUDVIG, S. NEUENDORFFER, S. SACHS et Y. XIONG : Taming heterogeneity-the Ptolemy approach. *Proceedings of the IEEE*, 91(1):127–144, 2003.

[ESA03]   B. ENSINK, J. STANLEY et V. ADVE : Program Control Language : a programming language for adaptive distributed applications* 1. *Journal of Parallel and Distributed Computing*, 63(11):1082–1104, 2003.

[EV06]   S. EFFTINGE et M. VÖLTER : oAW xText : A framework for textual DSLs. *In Workshop on Modeling Symposium at Eclipse Summit*, 2006.

[GBC+05]   D. GREGG, A. BEATTY, K. CASEY, B. DAVIS et A. NISBET : The case for virtual register machines. *Science of computer programming*, 57(3):319–338, 2005.

[GBD+94]   Al GEIST, Adam BEGUELIN, Jack DONGARRA, Weicheng JIANG, Robert MANCHEK et Vaidy SUNDERAM : *PVM : Parallel virtual machine : a users' guide and tutorial for networked parallel computing.* MIT Press, Cambridge, MA, USA, 1994.

[GG02]   K.J. GOUGH et K.J. GOUGH : *Compiling for the .NET common language runtime (CLR).* Prentice Hall, 2002.

[GJB+09]   R. GU, J.W. JANNECK, S.S. BHATTACHARYYA, M. RAULET, M. WIPLIEZ et W. PLISHKER : Exploring the concurrency of an MPEG RVC decoder based on dataflow program analysis. *Circuits and Systems for Video Technology, IEEE Transactions on*, 19(11):1646–1657, 2009.

[GJRB11]   R. GU, J.W. JANNECK, M. RAULET et S.S. BHATTACHARYYA : Exploiting statically schedulable regions in dataflow programs. *Journal of Signal Processing Systems*, 2011.

[GL08]   P. GRADU et J. LEPPÄJÄRVI : *A pragmatic, historically oriented survey on the universality of synchronization primitives*. Thèse de doctorat, University of Oulu, 2008.

[GLS94]   William GROPP, Ewing LUSK et Anthony SKJELLUM : *Using MPI : Portable Parallel Programming with the Message Passing Interface*. MIT Press, 1994.

[Gol74]   R.P. GOLDBERG : Survey of virtual machine research. *IEEE Computer*, 7(6):34–45, 1974.

[Gos00]   J. GOSLING : *The Java language specification*. Prentice Hall, 2000.

[Har82]   S. HARDY : The Poplog programming system. *University of Sussex Cognitive Science Research Paper*, 1982.

[HCK+07]   C. HSU, I. CORRETJER, M. KO, W. PLISHKER et S.S. BHATTACHA-RYYA : Dataflow interchange format : Language reference for DIF language version 1.0, users guide for DIF package version 1.0. *Institute for Advanced Computer Studies, University of Maryland at College Park, Tech. Rep. UMIACS-TR-2007-32*, 2007.

[HG06]   Sebastian HACK et Gerhard GOOS : Optimal Register Allocation for SSA-form Programs in polynomial Time. *Information Processing Letters*, 98(4):150–155, May 2006.

[HH97]   R.J. HOOKWAY et M.A. HERDEG : Digital FX! 32 : Combining emulation and binary translation. *Digital Technical Journal*, 9:3–12, 1997.

[Hil92]   D.D. HILS : Visual languages and computing survey : Data flow visual programming languages. *Journal of Visual Languages & Computing*, 3(1):69–101, 1992.

[HKB05]   C.J. HSU, M.Y. KO et S.S. BHATTACHARYYA : Software synthesis from the dataflow interchange format. *In Proceedings of the 2005 workshop on Software and compilers for embedded systems*, pages 37–49. ACM, 2005.

[HPB08]   C.J. HSU, J.L. PINO et S.S. BHATTACHARYYA : Multithreaded simulation for synchronous dataflow graphs. *In Proceedings of the 45th annual Design Automation Conference*, pages 331–336. ACM, 2008.

[IEE06]   IEEE : IEEE Std 1666 - 2005 IEEE Standard SystemC Language Reference Manual. *IEEE Std 1666-2005*, 2006.

[ISO00]   ISO : *Information technology — Vocabulary — Part 7 : Computer programming*. ISO/IEC 2382-7, 2000.

[ISO08a]   ISO/IEC 23001-5. *Information technology - MPEG systems techno-logies - Part 5 : Bitstream Syntax Description Language*, 2008.

[ISO08b]   ISO/IEC 23002-2. *Information technology – MPEG video technolo-gies – Part 2 : Fixed-point 8x8 inverse discrete cosine transform and discrete cosine transform*, 2008.

[ISO08c]   ISO/IEC CD 23002-4. *Information technology - MPEG video techno-logies - Part 4 : Video tool library*, 2008.

[ISO09]   ISO/IEC 23001-4. *MPEG systems technologies – Part 4 : Codec Configuration Representation*, 2009.

[JMP⁺08]   J. JANNECK, I. MILLER, D. PARLOUR, M. MATTAVELLI, C. LUCARZ, M. WIPLIEZ, M. RAULET et G. ROQUIER : Translating dataflow programs to efficient hardware : an MPEG-4 Simple Profile decoder case study. *In Design, Automation and Test in Europe conference (DATE 2008), Munich, Allemagne*, 2008.

[JMP⁺11]   J. W. JANNECK, I. MILLER, D. PARLOUR, G. ROQUIER, M. WIPLIEZ et M. RAULET : Synthesizing Hardware from Dataflow Programs : An MPEG-4 Simple Profile Decoder Case Study. *Journal of Signal Processing Systems*, 63(2):241–249, May 2011.

[Kah74]   G. KAHN : The semantics of a simple language for parallel program-ming. *In J. L. ROSENFELD, éditeur : Information processing*, pages 471–475, Stockholm, Sweden, Aug 1974. North Holland, Amsterdam.

[KB88]   SJ KIM et JC BROWNE : A general approach to mapping of paral-lel computation upon multiprocessor architectures. *In International Conference on Parallel Processing*, volume 3, page 8, 1988.

[KJ89]   P.J. KOOPMAN JR : *Stack computers : the new wave*. Halsted Press, 1989.

[KLMK10]   J.J. KIM, S.Y. LEE, S.M. MOON et S. KIM : Comparison of LLVM and GCC on the ARM Platform. *In Embedded and Multimedia Compu-ting (EMC), 2010 5th International Conference on*, pages 1–6. IEEE, 2010.

[KM77]   Gilles KAHN et David B. MACQUEEN : Coroutines and Networks of Parallel Processes. *In Information Processing 77*, pages 993–998. North Holland Publishing Company, 1977.

[KPBR10]   C.S. KANNANGARA, J. PHILP, M. BYSTROM et I.E. RICHARDSON : A Universal Video Decoder for fully configurable video coding Digest of Technical Papers. *In Consumer Electronics (ICCE), 2010 Digest of Technical Papers International Conference on*, pages 233–234, 2010.

[KRS94]   J. KNOOP, O. R
            "UTHING et B. STEFFEN : *Partial dead code elimination*, volume 29.
            ACM, 1994.

[Kwo97]   Yu-Kwong KWOK :   *High-performance algorithms of compile-time
            scheduling of parallel processors*. Thèse de doctorat, Hong Kong Uni-
            versity of Science and Technology, 1997.

[LA04]   Chris LATTNER et Vikram ADVE : LLVM : A Compilation Frame-
            work for Lifelong Program Analysis & Transformation. *In Proceedings
            of the 2004 International Symposium on Code Generation and Opti-
            mization (CGO'04)*, Palo Alto, California, Mar 2004.

[LA05]   C. LATTNER et V. ADVE : The LLVM compiler framework and infra-
            structure tutorial. *Languages and Compilers for High Performance
            Computing*, pages 922–922, 2005.

[Lat02]   Chris LATTNER : LLVM : An Infrastructure for Multi-Stage Optimi-
            zation. Mémoire de D.E.A., Computer Science Dept., University of
            Illinois at Urbana-Champaign, Urbana, IL, Dec 2002.

[LDL⁺08]   J. LI, D. DING, C. LUCARZ, S. KELLER et M. MATTAVELLI : Efficient
            data flow variable length decoding implementation for the MPEG
            reconfigurable video coding framework. *In Signal Processing Systems,
            2008. SiPS 2008. IEEE Workshop on*, pages 188–193. IEEE, 2008.

[Lea00]   D. LEA : *Concurrent programming in Java : design principles and
            patterns*. Prentice Hall, 2000.

[Lee06]   E.A. LEE : The problem with threads. *Computer*, 39(5):33–42, 2006.

[LFCM07]   J. LE FEUVRE, C. CONCOLATO et J.C. MOISSINAC : GPAC : open
            source multimedia framework. *In Proceedings of the 15th internatio-
            nal conference on Multimedia*, pages 1009–1012. ACM, 2007.

[Lio91]   M. LIOU : Overview of the p× 64 kbit/s video coding standard.
            Communications of the ACM, 34(4):59–63, 1991.

[LLN09]   E.A. LEE, X. LIU et S. NEUENDORFFER : Classes and inheritance
            in actor-oriented design. *ACM Transactions on Embedded Computing
            Systems (TECS)*, 8(4):29, 2009.

[LM87a]   Edward A. LEE et David G. MESSERSCHMITT : Static scheduling of
            synchronous data flow programs for digital signal processing. *IEEE
            Trans. Comput.*, 36(1):24–35, 1987.

[LM87b]   Edward A. LEE et David G. MESSERSCHMITT : Synchronous data
            flow. *Proceedings of the IEEE*, 75(9):1235–1245, 1987.

[LM07]   C. LUCARZ et M. MATTAVELLI : A platform for mixed HW/SW algorithm specifications for the exploration of SW and HW partitioning. *Integrated Circuit and System Design. Power and Timing Modeling, Optimization and Simulation*, pages 485–494, 2007.

[LMD07]   C. LUCARZ, M. MATTAVELLI et J. DUBOIS : A HW/SW codesign platform for algorithm-architecture mapping. *In Proceedings of the Workshop on Design and Architectures for Signal and Image Processing (DASIP'07)*, 2007.

[LP95]   E. A. LEE et T. M. PARKS : Dataflow Process Networks. *Proceedings of the IEEE*, 83(5):773–801, mai 1995.

[LPM09]   C. LUCARZ, J. PIAT et M. MATTAVELLI : Automatic synthesis of parsers and validation of bitstreams within the MPEG reconfigurable video coding framework. *Journal of Signal Processing Systems*, pages 1–11, 2009.

[LSV97]   E.A. LEE et A. SANGIOVANNI-VINCENTELLI : Comparing models of computation. *In Proceedings of the 1996 IEEE/ACM international conference on Computer-aided design*, pages 234–241. IEEE Computer Society, 1997.

[Luc11]   Christophe LUCARZ : *Dataflow programming for systems design space exploration targeting heterogeneous platforms*. Thèse de doctorat, EPFL Lausane, 2011.

[LY99]   T. LINDHOLM et F. YELLIN : *Java virtual machine specification*. Addison-Wesley Longman Publishing Co., Inc., 1999.

[MAR10]   M. MATTAVELLI, I. AMER et M. RAULET : The Reconfigurable Video Coding Standard [Standards in a Nutshell]. *Signal Processing Magazine, IEEE*, 27(3):159 –167, mai 2010.

[MB99]   B. MCGLASHAN et A. BOWER : The interpreter is dead (slow). Isn't it. *In OOPSLA'99 Workshop : Simplicity, Performance and Portability in Virtual Machine design*, 1999.

[MFA01]   C. MORITZ, M. FRANK et S. AMARASINGHE : Flexcache : A framework for flexible compiler generated data caching. *Intelligent Memory Systems*, pages 135–146, 2001.

[MHKK03]   H.S. MALVAR, A. HALLAPURO, M. KARCZEWICZ et L. KEROFSKY : Low-complexity transform and quantization in H. 264/AVC. *Circuits and Systems for Video Technology, IEEE Transactions on*, 13(7):598–603, 2003.

[MR04]   J.S. MILLER et S. RAGSDALE : *The Common Language Infrastructure Annotated Standard*. Addison-Wesley Professional, 2004.

[MS05]   D.P. MEHTA et S. SAHNI : *Handbook of data structures and applications*. CRC Press, 2005.

[MSS02]   BS MANJUNATH, P. SALEMBIER et T. SIKORA : *Introduction to MPEG-7 : multimedia content description interface*. John Wiley & Sons Inc, 2002.

[Muc97]   Steven S. MUCHNICK : *Advanced compiler design and implementation*. Morgan Kaufmann, 1997.

[Mun08]   A. MUNSHI : Opencl : Parallel computing on the gpu and cpu. *SIGGRAPH, Tutorial*, 2008.

[Mye77]   G.J. MYERS : The case against stack-oriented instruction sets. *ACM SIGARCH Computer Architecture News*, 6(3):7–10, 1977.

[NAJ+81]   K.V. NORI, U. AMMANN, K. JENSEN, HH NAGELI et C. JACOBI : *Pascal-P implementation notes*. Wiley, Chichester, England, 1981.

[NL04]   S. NEUENDORFFER et E. LEE : Hierarchical reconfiguration of dataflow models. *In Formal Methods and Models for Co-Design, 2004. MEMOCODE'04. Proceedings. Second ACM and IEEE International Conference on*, pages 179–188. IEEE, 2004.

[ODH06]   Hyunok OH, Nikil DUTT et Soonhoi HA : Memory optimal single appearance schedule with dynamic loop count for synchronous dataflow graphs. *In ASP-DAC '06 : Proceedings of the 2006 conference on Asia South Pacific design automation*, pages 497–502, 2006.

[Ohm99]   J.R. OHM : Stereo/multiview video encoding using the MPEG family of standards. *Invited Paper, Electronic Imaging*, 99:30, 1999.

[Par95]   T. M. PARKS : *Bounded Scheduling of Process Networks*. Thèse de doctorat, Berkeley, Berkeley, CA, USA, 1995.

[Par06]   T. PARR : A functional language for generating structured text. *URL http ://www. cs. usfca. edu/˜parrt/papers/ST. pdf*, 2006.

[Pel10]   Maxime PELCAT : *Rapid Prototyping and Dataflow-Based Code Generation for the 3GPP LTE eNodeB Physical Layer mapped onto Multi-Core DSPs*. Thèse de doctorat, INSA Rennes, 2010.

[PHH+03]   G. PANIS, A. HUTTER, J. HEUER, H. HELLWAGNER, H. KOSCH, C. TIMMERER, S. DEVILLERS et M. AMIELH : Bitstream syntax description : a tool for multimedia resource adaptation within MPEG-21. *Signal processing. Image communication*, 18(8):721–747, 2003.

[PHLB95]   J.L. PINO, S. HA, E.A. LEE et J.T. BUCK : Software synthesis for
             DSP using Ptolemy. *The Journal of VLSI Signal Processing*, 9(1):7–
             21, 1995.

[PKB+09]   J. M. PHILP, C. S. KANNANGARA, M. BYSTROM, M. DE FRU-
             TOS LOPEZ et I. E. RICHARDSON : Decoder description syntax for
             fully configurable video coding. *In Proceedings of the 16th IEEE in-
             ternational conference on Image processing*, ICIP'09, pages 769–772,
             Piscataway, NJ, USA, 2009. IEEE Press.

[PKMS89]   H. PRINTZ, HT KUNG, T. MUMMERT et P. SCHERER : Automatic
             mapping of large signal processing systems to a parallel machine.
             Real-time signal processing XII, pages 2–16, 1989.

[PLB95]   J.L. PINO, E.A. LEE et S.S. BHATTACHARYYA : A hierarchical multi-
             processor scheduling system for DSP applications. *In asilomar*, page
             122. Published by the IEEE Computer Society, 1995.

[PSK+08]   W. PLISHKER, N. SANE, M. KIEMB, K. ANAND et S.S. BHATTACHA-
             RYYA : Functional DIF for rapid prototyping. *In The 19th IEEE/IFIP
             International Symposium on Rapid System Prototyping*, pages 17–23.
             IEEE, 2008.

[PSL+98]   C. PASSERONE, C. SANSOE, L. LAVAGNO, R. MCGEER, J. MARTIN,
             R. PASSERONE et A. SANGIOVANNI-VINCENTELLI : Modeling reac-
             tive systems in Java. *ACM Transactions on Design Automation of
             Electronic Systems (TODAES)*, 3(4):515–523, 1998.

[RBdFK08]   I. RICHARDSON, M. BYSTROM, M. de FRUTOSR et S. KANNAN-
             GARA : Dynamic transform replacement in an H. 264 codec. *In
             Image Processing, 2008. ICIP 2008. 15th IEEE International Confe-
             rence on*, pages 2108–2111. IEEE, 2008.

[RBKF08]   I. RICHARDSON, M. BYSTROM, S. KANNANGARA et De FRUTOS :
             Dynamic Configuration : Beyond Video Coding Standards. *In IEEE
             System on Chip Conference*. IEEE, September 2008.

[RdMIGda75] P. ROUSSEL et Université d'Aix-Marseille II. Groupe d'intelligence
             ARTIFICIELLE : *PROLOG : Manuel de Reference et d'Utilisation*.
             Université d'Aix-Marseille II, 1975.

[Ric03]   I.E.G. RICHARDSON : *H. 264 and MPEG-4 video compression*. Wiley
             Online Library, 2003.

[RKB+09]   I. RICHARDSON, S. KANNANGARA, M. BYSTROM, J. PHILP et
             M. de FRUTOS LOPEZ : A framework for fully configurable video

coding. *In Picture Coding Symposium, 2009. PCS 2009*, pages 1–4. IEEE, 2009.

[RST04]   A. RANDAL, D. SUGALSKI et L. TÖTSCH : *Perl 6 and Parrot essentials*. O'Reilly Media, Inc., 2004.

[RW91]   J.R. RASURE et C.S. WILLIAMS : An integrated data flow visual language and software development environment. *Journal of Visual Languages & Computing*, 2(3):217–246, 1991.

[RWR⁺08]   G. ROQUIER, M. WIPLIEZ, M. RAULET, J.W. JANNECK, I.D. MILLER et D.B. PARLOUR : Automatic software synthesis of dataflow program : An MPEG-4 simple profile decoder case study. *In IEEE workshop on Signal Processing Systems (SiPS)*, pages 281–286, 2008.

[RWZ88]   B. K. ROSEN, M. N. WEGMAN et F. K. ZADECK : Global value numbers and redundant computations. *In POPL '88 : Proceedings of the 15th ACM SIGPLAN-SIGACT symposium on Principles of programming languages*, pages 12–27, New York, NY, USA, 1988. ACM.

[Sar89]   V. SARKAR : *Partitioning and scheduling parallel programs for multiprocessors*. Pitman Publishing, 1989.

[SC99]   K. SRIPANIDKULCHAI et T. CHEN : Network-adaptive video coding and transmission. *In Visual Communications and Image Processing*, volume 3653, pages 854–861. Citeseer, 1999.

[SCK⁺93]   R.L. SITES, A. CHERNOFF, M.B. KIRK, M.P. MARKS et S.G. ROBINSON : Binary translation. *Communications of the ACM*, 36(2):69–81, 1993.

[SD97]   U. SIMULINK et M.B. DESIGN : The MathWorks Inc. *Natick, MA*, 1997.

[SGBE05]   Y. SHI, D. GREGG, A. BEATTY et M.A. ERTL : Virtual machine showdown : stack versus registers. *In Proceedings of the 1st ACM/USENIX international conference on Virtual execution environments*, pages 153–163. ACM, 2005.

[Sih92]   G.C. SIH : Multiprocessor scheduling to account for interprocessor communication. *University of California at Berkeley, Berkeley, CA*, 1992.

[Sin03]   Jeremy SINGER : JVM versus CLR : a comparative study. *In PPPJ '03 : Proceedings of the 2nd international conference on Principles and practice of programming in Java*, pages 167–169, New York, NY, USA, 2003. Computer Science Press, Inc.

[SKH98]   Wonyong SUNG, Junedong KIM et Soonhoi HA : Memory efficient
            software synthesis from dataflow graph. *In ISSS '98 : Proceedings
            of the 11th international symposium on System synthesis*, pages 137–
            142, 1998.

[SL05]   H. SUTTER et J. LARUS : Software and the concurrency revolution.
            Queue, 3(7):54–62, 2005.

[SM77]   P.U. SCHULTHESS et E.P. MUMPRECHT : Reply to the case against
            stack-oriented instruction sets. *ACM SIGARCH Computer Architec-
            ture News*, 6(5):24–27, 1977.

[SMW07]   H. SCHWARZ, D. MARPE et T. WIEGAND : Overview of the scalable
            video coding extension of the H. 264/AVC standard. *Circuits and
            Systems for Video Technology, IEEE Transactions on*, 17(9):1103–
            1120, 2007.

[SNR11]   N. SIRET, J.F. NEZAN et A. RHATAY : Design of a processor optimized
            for syntax parsing in video decoders. *In Design and Architectures for
            Signal and Image Processing (DASIP), 2011*, pages 1–6. IEEE, 2011.

[SPT02]   Sudhir SANGAPPA, K. PALANIAPPAN et Richard TOLLERTON :
            Benchmarking Java against C/C++ for interactive scientific visua-
            lization. *In JGI '02 : Proceedings of the 2002 joint ACM-ISCOPE
            conference on Java Grande*, page 236, New York, NY, USA, 2002.
            ACM.

[SSL78]   G.L. STEELE, G.J. SUSSMAN et MASSACHUSETTS INST OF
            TECH CAMBRIDGE ARTIFICIAL INTELLIGENCE LAB. : *The
            Revised Report on SCHEME : A Dialect of LISP*. Defense Technical
            Information Center, 1978.

[SSNR10]   N. SIRET, I. SABRY, J.F. NEZAN et M. RAULET : A codesign synthesis
            from an MPEG-4 decoder dataflow description. *In Circuits and Sys-
            tems (ISCAS), Proceedings of 2010 IEEE International Symposium
            on*, pages 1995–1998. IEEE, 2010.

[Tar55]   A. TARSKI : A lattice-theoretical fixpoint theorem and its applica-
            tions. *Pacific journal of Mathematics*, 5(2):285–309, 1955.

[Tar72]   R. TARJAN : Depth-first search and linear graph algorithms. *In
            Switching and Automata Theory, 1971., 12th Annual Symposium on*,
            pages 114–121. IEEE, 1972.

[Tau06]   G. TAUBENFELD : *Synchronization algorithms and concurrent pro-
            gramming*. Prentice Hall, 2006.

[TKP02]   William THIES, Michal KARCZMAREK et Saman P.AMARASINGHE :
            StreamIt : A Language for Streaming Applications. *In Proceedings
            of the 11th International Conference on Compiler Construction (CC
            '02)*, pages 179–196, 2002.

[TKS+05]   William THIES, Michal KARCZMAREK, Janis SERMULINS, Rodric
            RABBAH et Saman AMARASINGHE : Teleport messaging for distribu-
            ted stream programs. *In PPoPP'05 : Proceedings of the tenth ACM
            SIGPLAN symposium on Principles and practice of parallel program-
            ming*, pages 224–235, 2005.

[TLT03]   C. TU, J. LIANG et T.D. TRAN : Adaptive runlength coding. *Signal
            Processing Letters, IEEE*, 10(3):61–64, 2003.

[TMDM09]   R. THAVOT, R. MOSQUERON, J. DUBOIS et M. MATTAVELLI : Hard-
            ware synthesis of complex standard interfaces using CAL dataflow
            descriptions. *Design and Architectures for Signal and Image Proces-
            sing (DASIP)*, 2009.

[TT01]   A.S. TANENBAUM et A. TANNENBAUM : *Modern operating systems*,
            volume 2. Prentice Hall New Jersey, 2001.

[vP10]   Carl von PLATEN : Scalable parallelism using dataflow programming.
            Managing the complexity evolution, page 16, 2010.

[vP11]   Carl von PLATEN : CAL ARM Compiler. Rapport technique, D2c,
            2008-2011.

[WDVC+94]   P. WILLEKENS, D. DEVISCH, M. VAN CANNEYT, P. CONFLITTI et
            D. GENIN : Algorithm specifications in DSP station using data flow
            language. *DSP Applicat*, 3(1):8–16, 1994.

[Wer02]   L. WERNLI : Design and implementation of a code generator for the
            CAL actor language. Mémoire de D.E.A., Computer Engineering and
            Networks Laboratory, Swiss Federal Institute of Technology, Zurich,
            2002.

[Wip10]   M. WIPLIEZ : *Infrastructure de compilation pour programme flux de
            données*. Thèse de doctorat, INSA Rennes, 2010.

[WR10]   M. WIPLIEZ et M. RAULET : Classification and transformation of
            dynamic dataflow programs. *In Design and Architectures for Signal
            and Image Processing (DASIP)*, 2010.

[WRN09]   M. WIPLIEZ, G. ROQUIER et J. NEZAN : Software code generation
            for the RVC-CAL language. *Journal of Signal Processing Systems*,
            2009.

[WSBL03]   T. Wiegand, G. J. Sullivan, G. Bjntegaard et A. Luthra :
           Overview of the H.264/AVC video coding standard. *Circuits and
           Systems for Video Technology, IEEE Transactions on*, 13(7):560–576,
           2003.

[WSWO03]   A. Wigley, M.D. Sutton, S. Wheelwright et Safari Tech Books
           Online : *Microsoft. Net Compact Framework : Core Reference*. Mi-
           crosoft Press, 2003.

[WZ91]   M.N. Wegman et F.K. Zadeck : Constant propagation with condi-
           tional branches. *ACM Transactions on Programming Languages and
           Systems (TOPLAS)*, 13(2):181–210, 1991.

[Xil07]   Xilinx DSP Division : XLIM : An XML Language-Independent
           Model. ASTG technical memo, D2c, September 2007.

[YCWR11]   E. Yviquel, E. Casseau, M. Wipliez et M. Raulet : Efficient
           Multicore Scheduling Of Dataflow Process Networks. *In Signal Pro-
           cessing Systems (SIPS), 2011 IEEE Workshop on*, pages 81–86. IEEE,
           2011.